Birand Bingül

Kein Vaterland, nirgends

Birand Bingül

Kein Vaterland, nirgends

Droemer

Besuchen Sie uns im Internet:
www.droemer.de

Redaktion: Nannette Elke
Umschlaggestaltung: ZERO Werbeagentur, München
Satz: Adobe InDesign CS3 im Verlag
Druck und Bindung: CPI – Ebner & Spiegel, Ulm
Printed in Germany
ISBN 978-3-426-27453-8

5 4 3 2 1

Für meine Familie

Inhalt

Vorwort

Mein Name auf der Buchklappe lässt unschwer erkennen, dass ich eine etwas andere Geschichte habe als die meisten Deutschen. Meine Eltern kamen aus der Türkei. Ich bin damit groß geworden, dass Deutschland in meiner Familie für vieles aufrichtig bewundert wurde. Für die Handwerker, die nicht nur zur verabredeten Zeit erscheinen, sondern auch noch wissen, was sie tun. Für die sozialen Systeme. Für die Dankeschön-Bitteschön-Höflichkeit; für das bloße Vorhandensein von Preisschildern (die es dem Händler unmöglich machen, je nach Kunden einen Preis zu erfinden). Für die allgegenwärtige Sauberkeit, die Autobahnen, das Organisationstalent und so weiter. Ich selbst bin sicher mit und inmitten von mehr Freiheiten groß geworden, als ich es in der Türkei geworden wäre. Ich durfte eine herausragende (Aus-)Bildung genießen.

Ich glaube, der ständige Länder- und Kulturvergleich, mit dem ich aufwuchs, hat mir eine etwas andere Perspektive auf Deutschland gegeben. Ich musste mich mehr anstrengen, um Deutschland zu verstehen, da mir meine Familie nur bedingt etwas über das Land erzählen konnte. All das machte mich sensibel für nationale Befindlichkeiten. All das schärfte auch meinen Blick für Fehlentwicklungen und Missstände. Als Journalist habe ich seit einiger Zeit das Privileg, mich in führenden Medien immer wieder zu Fragen der Integration von Zuwanderern äußern zu können. Dabei wird mir ein gewisses Maß an Erfahrung zugestanden. Das ist auch der Ausgangspunkt für mein Buch gewesen. Ich habe mich allerdings schnell wieder davon entfernt, denn die Integration von Zuwanderern ist nur eines von vielen Mosaiksteinchen. Ich glaube, die Schwierigkeiten bei der Integration von Zuwanderern sind symptomatisch für Deutschland. Ein Einzelfall sind sie nicht. Natürlich wirken zahlreiche Faktoren auf so komplexe gesellschaftliche Prozesse ein. Aber *ein* Übel spielt eine herausgehobene Rolle: die Ausgrenzung.

In Deutschland werden viele Menschen ausgegrenzt. Zu viele. Und es sind immer mehr geworden, so dass wir an einem kritischen Punkt angelangt sind. Die Ausgrenzung vergiftet langsam die deutsche Gesellschaft, untergräbt den Zusammenhalt im Land und schwächt die Leistungsfähigkeit im globalen Wettbewerb. Die Uhr tickt. Ich halte es für die wichtigste gesellschaftspolitische Aufgabe des einundzwanzigsten Jahrhunderts, hier einen Wandel herbeizuführen. Wo, wie und warum Deutschland ausgrenzt, wie Betroffene dies erleben, aber auch welche positiven Ansätze zur Veränderung es schon gibt und was das alles mit Deutschland macht, darum geht es in diesem Buch.

Unser Deutschland ist nicht nur ungerecht, aber längst nicht gerecht genug. Unser Deutschland bietet Chancen, aber zu wenige. Wenn wir ein besseres Deutschland wollen, führt kein Weg daran vorbei, gemeinsam die Ausgrenzung zu bekämpfen.

Birand Bingül, im Juni 2008

Wir können die Probleme nicht mit demselben
Denken lösen, das sie hervorgebracht hat.

ALBERT EINSTEIN

I.

Kein Vaterland, nirgends

Wer draußen bleibt

Ausgrenzung war nach dem Krieg lange ein Werkzeug der Mächtigen und Etablierten in Politik, Wirtschaft und Gesellschaft. Sie funktionierte als Strategie, um Machtstrukturen zwischen Gruppen wie Deutschen und Ausländern oder Männern und Frauen zu bewahren, Leistungsstarke von Leistungsschwachen zu trennen, um die Gesellschaft effizient zu halten, sowie Probleme zu bewältigen, indem sie ausgeklammert wurden. Die Ausgrenzung war ein einflussreiches Werkzeug, ein Herrschaftsinstrument, prägend und maßgeblich.

Die klassisch ausgegrenzten Gruppen in der Bundesrepublik werden »A-Bevölkerung« genannt: Arbeitslose, Ausländer, Alleinerziehende. Nehmen wir noch die Behinderten dazu, sind die guten alten Randgruppen beisammen. Zum einen ist aber die Zahl der Menschen mit einer entsprechenden Ausgrenzungserfahrung in den vergangenen Jahren deutlich gestiegen – ob Hartz-IV-Empfänger oder davon Bedrohte, Migranten oder Alleinerziehende. Zum anderen sind weitere Gruppen ins Blickfeld geraten oder neu hinzugekommen. So werden viele Kinder mangels früher Förderung schon abgehängt, bevor sie überhaupt in die erste Klasse kommen. Die Schule sortiert früh und ungerecht aus. Viele Jugendliche blicken ängstlich in die Zukunft. Das sind nicht mehr nur die Schulabbrecher und weite Kreise der Hauptschüler – selbst für Realschüler ist es teilweise schwierig geworden, einen direkten Einstieg in den Ausbildungs- oder Arbeitsmarkt zu finden. Ein Praktikum ist kein Job.

Manuel ist achtzehn, hat einen mittelmäßigen Realschulabschluss und das Talent zum Tischler. Aber er bekommt keine Lehrstelle. »Mein Leben geht einfach nicht los. Ich hänge fest in einer Warteschleife. Ich hätte gerne eine Lehrstelle. Mehr Geld. Eine eigene Wohnung.«

Fünf Millionen Menschen sind jüngst aus der Mitte der Gesellschaft abgestiegen. Das hat es nach dem Krieg noch nie gegeben in Deutschland.

Mit fünfundfünfzig gehört man sowieso zum alten Eisen. Martina sagt: »Ich möchte nicht nur zu Hause vor dem Fernseher rumsitzen und irgendwelche dummen Talkshows ansehen. Da bin ich innerlich noch nicht bereit dafür. Da müssten sie mir beide Beine amputieren.« Die Siebenundvierzigjährige ist gut ausgebildet, hat sogar studiert und findet trotz großer Anstrengungen seit Jahren keinen richtigen Job. Auskunft auf dem Arbeitsamt: Ab vierzig sei man eben schwer vermittelbar.

Und nicht nur der Begriff Hartz IV ist zum Stigma geworden, sondern auch »Aufstocker« – gemeint sind Menschen, die so wenig mit ihrer Arbeit verdienen, dass sie zusätzlich noch Sozialhilfe bekommen.

Ostdeutsche fühlen sich immer noch fremd im eigenen Land, Muslime gelten als potentielle Terroristen.

Frauen verdienen bei gleicher Arbeit deutlich weniger als Männer. »Wenn ich eine gute Leistung bringe und die wird letztlich nicht honoriert, ist das für mich verletzend, weil ich denke: Ich bin ein Mensch zweiter Klasse. Das ist es, was ich dabei ganz klar empfinde. Ich werde als Frau diskriminiert.«

Das sagt Silke K. Sie ist Abteilungsleiterin Personal in einem großen Unternehmen und beklagt, dass sie trotz jahrelanger gleichwertiger Arbeit deutlich weniger verdiene als ihr männlicher Kollege.

Eine einzige Frau gibt es in dreißig Dax-Vorständen.

Mit anderen Worten: Das Phänomen der Ausgrenzung in Deutschland hat sich stark ausgedehnt. Es wächst nach wie vor.

Der Soziologe Heinz Bude beschreibt die Ausgrenzung in seinem Buch *Die Ausgeschlossenen* wie folgt: Ausgrenzung »ist weder auf gesellschaftliche Benachteiligung zu reduzieren noch durch relative Armut zu erfassen. Sie betrifft vielmehr die Frage nach dem verweigerten oder zugestandenen Platz im Gesamtgefüge der Gesellschaft. Sie entscheidet darüber, ob Menschen das Gefühl haben, dass ihnen Chancen offenstehen und dass ihnen ihre Leistung eine hörbare Stimme verleiht, oder ob sie glauben müssen, dass ihnen ihre Anstrengung und Mühe niemand abnimmt. Für die Exkludierten gilt der meritokratische Grundsatz ›Leistung gegen Teilhabe‹ nicht mehr.«

Was Bude aus der Sicht der Betroffenen formuliert, haben seine Kollegen Wilhelm Heitmeyer und Reimund Anhut mit ihrer »Desintegrationstheorie« als Kritik an Staat und Gesellschaft verarbeitet. Desintegration, also Ausgrenzung, betone »die nicht eingelösten Leistungen von gesellschaftlichen Institutionen und Gruppen, in der Gesellschaft existentielle Grundlagen, soziale Anerkennung und persönliche Unversehrtheit zu sichern«. Laut dieser Definition trifft die Ausgrenzung viele deutsche Gruppen, quer durch alle Schichten. Sie alle sitzen in einem Boot. Verschiedenste Menschen leiden an ein und demselben Phänomen.

Den Blick hierfür zu weiten und zu schärfen ist für mich fundamental.

Bis zur Wende funktionierte die Ausgrenzung solide und zuverlässig. Die Wirtschaft florierte, die überwältigende Mehrheit der Menschen hatte am Wohlstand teil, auch die wenig gebildeten Hilfsarbeiter und die meist ungelernten Zuwanderer. Solange möglichst viele Menschen Teil und Nutznießer der ökonomischen Erfolgsgeschichte der Bundesrepublik waren und von sich sagen konnten, dass sie das Land mit aufbauten, war der Blick verstellt für soziale, kulturelle und andere Ausgrenzungen am Rande der Gesellschaft. Konflikte wurden verdeckt. Ausgrenzungen mussten nicht immer brutal und offen durchgesetzt werden. In Deutschland fand Ausgrenzung letzten Endes auch viel Rückhalt und Zustimmung, da Ausgrenzung zu Wohlstand und Aufschwung beizutragen schien. Das Prinzip Ausgrenzung – Wissenschaftler sprechen von »Exklusion« – erzeugte stabile (macht)politische Verhältnisse. Im Kern blieb in Deutschland alles beim Alten, wie gewünscht.

Martin Kronauer von der Fachhochschule Berlin hat es auf den Punkt gebracht: »Gerade weil Ausgrenzung in Deutschland so gut funktionierte, musste sie nicht thematisiert werden. Die gesellschaftliche Mitte war von ihr kaum berührt.«

Und heute? Die Mittelschicht – Rückgrat und Zentrum jedes westlichen Landes – ist in die Defensive geraten. Sie will verschont bleiben, nicht hinabgleiten in unsichere Verhältnisse oder gar ins Prekariat. 2004, als es besonders schlecht aussah auf dem deutschen Arbeitsmarkt, hat sie aber erfahren müssen, dass es auch ganz schnell sie treffen kann, beruflich wie sozial. Die Mittelschicht ist geschrumpft, laut einer Studie des Deutschen Instituts für Wirtschaftsforschung von (viele Jahre lang stabilen) 62 Prozent auf 54 Prozent im Zeitraum 2000 bis 2006. Betroffen sind fünf Millionen Menschen. Geringe Lohnsteigerungen, die Inflation und die stark gestiegenen Lebenshaltungskosten machen es Teilen der Mittelschicht schwer, die gesellschaftliche Position zu halten. Mit dem leichten Aufschwung der Jahre 2007 und 2008 verschwanden die Abstiegsängste nicht von der Tagesordnung. Fast jeder zweite Deutsche meint, es gebe keine Mitte mehr, nur noch oben und unten.

Petra Böhnke vom Wissenschaftszentrum Berlin für Sozialforschung schreibt nach eingehender empirischer Analyse, der Trend zur Verunsicherung der Mittelschichten sei an den subjektiven Bewertungen der Lebensumstände und der Befüchtung, deklassiert zu werden, ablesbar. Zwar seien Ängste und Sorgen nach wie vor am stärksten bei sozial benachteiligten Bevölkerungsgruppen verbreitet, doch zugenommen hätten sie im Lauf der letzten Jahre am deutlichsten bei den Mittelschichten.

Und während Ausgrenzung weiter stattfindet, scheitert sie auch. Begonnen hat ihr schleichender Niedergang nach der Wende. Sie brachte zwar völkerrechtlich die Wiedervereinigung zweier Staaten, aber Deutschland ist bis heute emotional zweigeteilt. Die sich beschleunigende Globalisierung erzeugte massive Konkurrenz auf den Weltmärkten. Deutschland wandelte sich schnell von der Industrie- zur Dienstleistungs- und heute zur Wissensgesellschaft. Die Lebensformen und -vorstellungen haben eine Vielfalt erreicht, die das Land vorher nicht erlebt hat.

Zudem verschärften sich in Deutschland die Verhältnisse, stieg die Arbeitslosigkeit. Der allgemeine Wohlstand sank zwischen 1995 und 2005 spürbar. Die hohe Belastung der Sozialsysteme, an denen sich der Stand der Ausgrenzung unter anderem ablesen lässt, raubte dem Bund, aber auch so manchem Land und den meisten Kommunen phasenweise die Handlungsfähigkeit. Auch das Image Deutschlands litt, als Schulstudien wie PISA plötzlich Bildungsverlierer in den Blickpunkt rückten.

Natürlich verkürze ich hier hochkomplizierte Vorgänge. Vereinfacht lässt sich sagen: Es kommt zu einer Wirkungsumkehr. Deutschland hat zu lange zu viele Menschen ausgeschlossen, ohne sie mit den üblichen Mitteln auffangen oder wieder einbinden zu können. Gegenwärtig kippt das Prinzip Ausgrenzung um. Die Ausgrenzungsfalle schnappt in dem Moment zu, in dem das große Versprechen der Bundesrepublik »Wohlstand für alle« erkennbar nicht mehr für alle gilt.

Damit kein Missverständnis entsteht: Die Ausgrenzung in unserem Land erfolgt auf vergleichsweise hohem Niveau. Selbstverständlich ist die existentielle Armut in Deutschland sehr gering, und im weltweiten Vergleich geht es uns sogar immer noch ziemlich gut. Das ändert aber nichts an den Ängsten, Sorgen und Schicksalen von vielen Millionen Menschen, an der Verunsicherung im Land.

Es macht die Diskussion nicht ungültig oder gar überflüssig, denn die übermäßigen Ausgrenzungen – vor allem ihre Auswirkungen – treffen Deutschland trotzdem ins Herz. Sie treffen unser Selbstbild von einer sozial orientierten, egalitären Demokratie. Sie treffen unsere Vorstellung von Fairness und Gerechtigkeit. Sie treffen unseren Anspruch, eines der modernsten Länder der Welt zu sein. Sie treffen unsere Selbstgefälligkeit. Und schließlich weisen sie Fehlentwicklungen auf, die wir uns, so glaube ich, erst noch schmerzvoll eingestehen müssen.

Die Folgen der Ausgrenzung sind verheerend. Wir haben so viele Ausgegrenzte produziert wie nie zuvor. Wir haben so viele Bildungsverlierer wie nie zuvor. Wir haben so viel Abstiegsangst wie nie zuvor. Bei dem hohen Grad an messbarer, erlebter und wahrgenommener Ausgrenzung wird das Thema zur nationalen Frage. Wir sind nach wie vor nicht fähig, für das eigene Land ein gesellschaftlich verbindliches (und einbindendes!) Selbstverständnis zu benennen. Daher scheitern wir daran, einen wirklich integrationsfähigen Staat zu entwickeln.

Denn immer breitere Teile der Bevölkerung werden (oder fühlen sich) ausgegrenzt. Vom Ausbildungsmarkt und Arbeitsleben, von der vermeintlichen Chancengerechtigkeit des Bildungssystems, von Aufstiegschancen, von der Konsumwelt – ganz grundsätzlich also vom Gefühl, dazuzugehören zu diesem Deutschland des einundzwanzigsten Jahrhunderts. Kein Vaterland, nirgends, das ein echtes Wir-Gefühl erzeugte.

Die Frage nach dem sozialen Kitt hat in den vergangenen Jahren an Dringlichkeit gewonnen wie schon lange nicht mehr. Führende Politiker sind in jüngster Zeit immer wieder darauf eingegangen. Bundeskanzlerin Angela Merkel (CDU) erklärte, dass die Fliehkräfte, die unsere Gesellschaft auseinandertreiben, eher stärker würden. Auf dem CDU-Parteitag in Hannover im Dezember 2007 mahnte sie im Zusammenhang mit der Diskussion um

Managergehälter und -abfindungen, die Bürger dürften den Glauben an den Zusammenhalt der Gesellschaft nicht verlieren. »Wenn das nicht mehr funktioniert, fliegt uns der ganze Laden auseinander.« Bayerns Ministerpräsident Günther Beckstein (CSU) fragte sich wenig später in einem Zeitungsinterview: »Wie können wir die Gesellschaft stabilisieren und ihren Zusammenhalt in Zeiten der Globalisierung fördern?« Und für den SPD-Parteivorsitzenden Kurt Beck ist das Ziel, die »soziale Balance« wiederzufinden, zum politischen Mantra geworden. Das heißt aber auch, dass die soziale Balance zuvor verlorengegangen sein muss. Die Ursache dafür allein in den Sozialreformen des ehemaligen Bundeskanzlers Gerhard Schröder zu sehen wäre sicher zu kurz gedacht.

Je größer die ausgegrenzten Gruppen, desto massiver die Probleme des sozialen Zusammenhalts. Eine ungezügelt zunehmende Ausgrenzung wird früher oder später für kaum überbrückbare soziale Spannungen sorgen, zum Auseinanderbrechen der sozialen Systeme führen und in der Folge auch zum wirtschaftlichen Absturz im internationalen Wettbewerb. Wer will das riskieren? Wer will das verantworten? Und wer will nicht wenigstens etwas dagegen getan haben?

Die beiden Soziologen Heinz Bude und Andreas Willisch, spezialisiert auf Ausgrenzung, stellen in ihrem Buch *Das Problem der Exklusion* fest: »Die Exklusionsproblematik führt die moderne Gesellschaft an die Grenze ihrer Gerechtigkeitsvorstellungen und Teilhabeideen.«

Doch hier kommt eine zweite, positive Kraft ins Spiel, die derzeit in Deutschland für massive Auseinandersetzungen sorgt: die Integration, der Gegenspieler der Ausgrenzung. Beide stehen in einem dynamischen Verhältnis zueinander. Wir können Integration im weitesten Sinne verstehen als das systematische Eingliedern, Einbeziehen, Anerkennen, Wertschätzen und die gleichwertige Behandlung von möglichst vielen Menschen, unter anderem durch eine gerechte(re) Verteilung von Chancen. Ich verstehe hier Integration nicht im herkömmlichen Sprachgebrauch beschränkt auf die Eingliederung von Zuwanderern oder die Eingliederung Arbeitsloser in den Arbeitsmarkt, sondern in Bezug auf die ganze Gesellschaft.

Das Thema Integration rückt gerade ins Zentrum der Aufmerksamkeit. Mit der Großen Koalition hat ein wirkliches, wenn auch vorsichtiges und zum Teil hart umkämpftes Umschwenken begonnen – von Strategien der Ausgrenzung zu Strategien der Integration. Wenn ich alle Sonntagsreden und Lippenbekenntnisse abziehe, bleiben immer noch eine Reihe von aussagekräftigen Beispielen übrig: Auf Bundesebene zum Beispiel der umstrittene Ausbau der Kinderbetreuung, der mehr Frauen in den Arbeitsmarkt integrieren und familiär benachteiligte Kinder früher fördern soll.

Da solch eine Förderung bisher nicht ausreichend erfolgte, sind flächendeckende Deutschtests auf Länderebene für alle Vierjährigen notwendig geworden; wenn nötig, bekommen die Kinder Sprachförderung. Und der Bedarf ist groß: 25 bis 30 Prozent eines Jahrgangs weisen Schwächen in der Sprachentwicklung auf. Das soll sich jetzt ändern, damit die Kinder zum Schulstart halbwegs ähnliche Ausgangsbedingungen haben und nicht schon abgehängt sind aufgrund familiärer Versäumnisse und mangelnder Frühförderung.

Auch beim Schulsystem schlägt man neue Wege ein. Schleswig-Holstein, Berlin, Sachsen-Anhalt und andere Bundesländer setzen neue, integrative Schulformen und Lernkonzepte ein, die in anderen europäischen Ländern wie Finnland oder Schweden bereits erfolgreich praktiziert werden.

Die Bundesregierung hat eine Qualifizierungsinitiative ins Leben gerufen, die ausgegrenzten Jugendlichen dabei helfen soll, einen Ausbildungsplatz zu finden. Ferner versucht die Regierung erstmals, durch systematische, praktische Bemühungen die Integration von Zuwanderern zu verbessern. Dazu gehören im Kern die Integrationskurse und der Nationale Integrationsplan, in dem mehrere hundert Ideen und Konzepte zur besseren Eingliederung von Zuwanderern zusammengefasst sind, sowie die – umstrittene – Akzeptanz des Islam und der Muslime. Auch führende deutsche Stiftungen haben sich verstärkt in die Integrationsarbeit eingeschaltet.

Integration ist Befähigungspolitik auf allen Ebenen – alles überragend ist dabei die Initiative der Bundesregierung nicht. Ein Ausgrenzungsland sortiert erst einmal Menschen aus, blockt ab und versorgt dann die, die nie eine Chance bekommen haben oder keine mehr bekommen. Ein Integrationsland baut Menschen auf und verleiht ihnen Flügel.

Integrationsland zu sein, davon ist Deutschland sicher noch meilenweit entfernt, auch wenn die CDU sich diesen Begriff in ihrem neuen Programm auf die Fahnen geschrieben hat; übrigens wohl unfreiwillig weitsichtig, denn die CDU benutzt den Begriff »Integrationsland« eher als Alternative zum Begriff »Einwanderungsland«, mit dem sich die Partei immer noch erstaunlich schwertut. Aber die Stoßrichtung hat eine neue Qualität.

Integration wird von wichtigen politischen Eliten nicht länger als Teil des Problems gesehen, wie das in Bezug auf die Zuwanderer der Fall war (da sie angeblich nicht funktionierte), sondern als Teil der Lösung (weil sie funktionieren muss). Seit es Deutschland nicht mehr herausragend, sondern nur noch gut geht, macht sich die Einsicht breit: Wir *müssen* integrieren. Wir müssen nicht nur Ausländer, sondern auch viele Deutsche wieder in unser Land einbeziehen – sozial, emotional und im Hinblick auf Chancengleichheit. Die Strategie »Integration« steckt noch in den Kinderschuhen, aber sie gewinnt an Boden, denn schließlich fürchtet die Spitzenpolitik – und nicht nur sie – um den Zusammenhalt im Land.

Es scheint sich gegenwärtig die Grundstimmung durchzusetzen, dass der Staat übergeordnete Ziele wie Wohlstand, Wirtschaftswachstum und sozialen Frieden besser dadurch erreichen kann, wenn er möglichst viele in die entsprechenden Prozesse mit einbezieht, statt Ausgrenzung zu dulden oder zu betreiben. Denn die geht nur zunächst auf Kosten der Ausgegrenzten, am Ende aber auf Kosten aller, die die teuren Sozialprogramme mit finanzieren, die die Ausgeschlossenen versorgen. Programme, die selten verhindern, dass die Menschen sich außen vor fühlen und Frust und Angst anhäufen.

Heute haben wir ein Stadium der offenen Auseinandersetzung erreicht. Die politischen Vertreter der Integration und die der Ausgrenzung liefern sich offene Gefechte. Ich will kurz drei Beispiele für solche Kämpfe von Ausgrenzern und Integrierern geben:

Bundesfamilienministerin Ursula von der Leyen (CDU) hat erreicht, dass die Kinderbetreuung erheblich ausgebaut wird. Sie will damit Frauen und Kinder gleichermaßen fördern. Der Augsburger Bischof Walter Mixa wetterte dagegen und polemisierte, die Frau werde zur Gebärmaschine degradiert. Von der Leyen sei kinderfeindlich und ideologisch verblendet, sie opfere das Kindeswohl, um »junge Frauen als Arbeitskräftereserve für die Industrie zu rekrutieren«. Der Bischof hält kategorisch an den traditionellen Rollenbildern fest. Seine Botschaft: Die Frau gehört nach Hause zum Kind. Alle anderen sind Rabenmütter. Er weiß, was für alle Frauen gut ist. Dass eine Bundesministerin Frauen grundsätzlich und flächendeckend Chancen bieten will, die das alte System ihnen mit Unterstützung der katholischen Kirche verbaut hat, geht für ihn nicht. So agieren Ausgrenzer.

Schulen sind Ländersache. Ute Erdsiek-Rave (SPD), Bildungsministerin von Schleswig-Holstein, hat die Hauptschule im hohen Norden abgeschafft. Ihre Begründung: Die Schulform funktioniert nicht mehr. Sie ist stigmatisiert. Keiner will seine Kinder dorthin schicken. Keiner will Hauptschüler sein. Und die, die es sind, kriegen unerträglich häufig keinen Abschluss, keine Lehrstelle, keinen Job. Selbstverständlich tragen manche Jugendliche auch selbst dazu bei; doch dass sie vornehmlich Opfer ihrer familiären und sozialen Verhältnisse sind, kann niemand leugnen. Deutschland scheitert an der Aufgabe, hier für Ausgleich zu sorgen. In Schleswig-Holstein wird deshalb die Gemeinschaftsschule eingeführt, die auf mittlere Sicht bis zum Abitur führen soll. In Abkehr vom selektiven Ansatz – der Schulwahl nach der vierten Klasse – sollen Kinder und Jugendliche länger gemeinsam lernen und stärker individuell gefördert werden. Erdsiek-Rave will das Aussieben beenden, Hängenbleiben ist out. Die Gemeinschaftsschule soll durch diese Strukturen mehr Wir-Gefühl und Solidarität zwischen starken und schwachen Schülern erzeugen.

Nordrhein-Westfalens Schulministerin Barbara Sommer (CDU) hält dagegen an der Hauptschule fest. Die CDU-Landtagsfraktion in Nordrhein-Westfalen ist sich sicher: »Die Hauptschule ist ein Zukunftsmodell«, wie es in einer Pressemitteilung heißt. Mit einer Finanzspritze von 120 Millionen Euro will sie die Hauptschulen zukunftsfähig machen. Als müssten die nur etwas aufgepäppelt werden. Als gäbe es keine Vertrauenskrise der Eltern in diese Schulform. Als läge die Hauptschule nicht im Sterben. Sie wolle den Schülern ihre Würde zurückgeben, sagt Sommer in einem Fernsehinterview, damit die Kinder erfahren, dass sie kein Rest sind. Ausgrenzung als Heilsbringer …

Drittes Beispiel: Bei der Zuwanderung hat der hessische Ministerpräsident Roland Koch (CDU) Anfang 2008 im Landtagswahlkampf eine sachlich radikal verkürzte und damit verzerrte, extrem ausgrenzende Kampagne gegen Ausländer gefahren. Gegenspieler dieser Politik und Strategie fanden sich auch in seiner eigenen Partei: Siebzehn Spitzenpolitiker der Union unterzeichneten einen offenen Brief, distanzierten sich von Kochs Treiben und forderten die Integration von Ausländern. Unter ihnen war Hamburgs regierender Bürgermeister Ole von Beust, initiiert hatte den Brief der Integrationsminister von Nordrhein-Westfalen, Armin Laschet.

Die Beispiele zeigen, dass die Kontroverse um Ausgrenzung auf der einen und Integration auf der anderen Seite gerade in konservativen Kreisen sehr heftig verläuft. Kein Wunder, denn dort prallen traditionelle Besitzstandswahrer, die auf Vorrechte der Etablierten pochen, am stärksten auf fortschrittlichere Politiker.

Integrieren wir oder grenzen wir aus? Diese Frage wird häufig nach wie vor seltsam vernachlässigt. Dabei ist sie maßgeblich für unser grundsätzliches Selbstverständnis und für die Qualität unserer Demokratie. Deshalb steht diese Frage im Mittelpunkt meines Buches.

Das Aufkommen der Integration sollte niemand unterschätzen. Im Gegenteil: Sie entwickelt zu viel Wucht, als dass sich sagen ließe, hier schlüge das Pendel nur kurz mal in die andere Richtung aus. Ein fundamentaler Richtungswechsel bei gesellschaftspolitischen Schlüsselthemen hat begonnen. Ein Paradigmenwechsel liegt in der Luft, eine Transformation der deutschen Gesellschaft. Die Integration kann, voll entfesselt, zur neuen Grundströmung werden. Nichts Besseres könnte Deutschland passieren.

Nachdem wir es zugelassen haben, dass eine erhebliche Anzahl von Kindern, Jugendlichen und jungen Erwachsenen zur verlorenen Generation geworden ist, lautet jetzt die entscheidende Frage, wie der Wechsel durchgesetzt und gestaltet wird, ob beherzt, zielgerichtet und kompetent oder verzagt, umständlich und schludrig.

Die hier gemeinten Integrationsbemühungen sind kein linker Tugendterror; kein politischer Beliebtheitswettbewerb. Es geht nicht um *politicial correctness*. Integration ist kein Gefallen, der den Ausgegrenzten getan wird, kein Almosen, keine Wohlfahrt. Sie entwickelt sich vor allem aufgrund des ökonomischen Drucks – nicht zuletzt mit der Absicht, unsere Leistungsfähigkeit zu steigern und die Wettbewerbsfähigkeit des Standorts Deutschland zu sichern. Integration lässt sich nicht mehr in rechte oder linke politische Schubladen stecken.

Ist der Wandel nachhaltig, kann er grundlegende Auswirkungen auf den »Charakter« Deutschlands haben. Ein neues Selbstverständnis entsteht, das mehr einbindet als ausgrenzt. Die Identität des Landes bekommt einen neuen Schub. Integration kann deutsche Identität neu definieren und tut es vielleicht auch schon … Allerdings kann die Auseinandersetzung mit der deutschen Identität die Integration sowohl befördern als auch ausbremsen. So stehen Integration und Identität in Wechselwirkung miteinander.

Ich will keinen Hehl daraus machen, dass ich die Integration für den richtigen – und einzigen – Weg halte, unser Land wieder stark zu machen. Insofern ist für mich die spannende Frage, wie wir Integration mit einer modernen Identität vereinbaren und verschränken können.

Als ich Kollegen, Freunden und Bekannten erzählte, dass es in diesem Buch auch um deutsche Identität gehen soll, bekam ich immer ähnliche Antworten, die sich leicht zugespitzt so zusammenfassen lassen: Ach, zum tausendsten Mal Nationalsozialismus und das Dritte Reich? Das Wunder von Bern und die Wende? Bitte nicht du auch noch, ist doch alles schon gesagt, spar dir die Mühe, kommt eh nichts bei raus. Immer die alten Mythen: Beethoven lauschen, Goethe lesen, für Hitler schämen. Ich war verblüfft, dass vor allem jüngere Leute geradezu allergisch auf das Thema reagierten. Ein ziemlich klarer

Hinweis für den Journalisten in mir, einen neuralgischen Punkt getroffen zu haben.

Das weckte meine Neugier zusätzlich. Schließlich wollte ich mehr herausfinden über das Verhältnis von Integration und Identität in Deutschland. Meine Recherchen führten mich nicht nur in die Geschichtsbücher, sie führten mich auch nach Dachau, Köln, Kiel und Berlin – zu spannenden Menschen, die auf die unterschiedlichste Weise mit deutscher Identität arbeiten und umgehen.

Die Deutschen haben nach dem Krieg zwar eine neue Identität nach außen entwickelt, aber bisher keine nach innen, sich selbst gegenüber. Wir haben eine gespaltene Identität. Wir sind die gespaltenen Deutschen.

Ausgrenzung, Integration und Identität – diese Begriffe sind nicht nur miteinander verzahnt, sie sind unverzichtbar für ein besseres Verständnis des gegenwärtigen Deutschlands. Ihr Verhältnis zueinander, ihre dynamische Entwicklung, ist *das* Jahrhundertthema.

Der rote Faden dieses Buches sind, kurz zusammengefasst, folgende Gedanken:

1. Ausgrenzung ist bisher ein prägendes Merkmal von und Herrschaftsinstrument in Deutschland.
2. Die Ausgrenzung scheitert, weil durch sie zu viele Gruppen und Menschen ausgegrenzt wurden und werden.
3. Der Stellenwert der Integration steigt. Langsam, aber sicher.
4. Der Aufstieg der Integration wirkt sich auf das deutsche Selbstverständnis aus.

5. Die Integration muss mit einem neuen nationalen Selbstverständnis einhergehen und umgekehrt – um Deutschland fit zu machen für das einundzwanzigste Jahrhundert.

II.

Unsichtbare Ghettos: Wie wir ausgrenzen

Unsichtbare Ghettos

Menschen wollen andere Menschen beherrschen. Gruppen wollen anderen Gruppen überlegen sein. Die Sozialpsychologie hat das in vielen Experimenten bestätigt. James Sidanius von der Harvard-Universität und Felicia Pratto von der Universität in Connecticut haben in ihrer vielbeachteten »Theorie der sozialen Dominanz« erläutert, dass unter Gruppen Konflikte entstehen, um Macht und Dominanz zu erlangen. Diese Konflikte erzeugen Hierarchien. Sie werden von vorherrschenden Ideologien und Menschen, die Ungleichheit als gerecht empfinden – also »dominanzorientiert« sind – gestützt.

Im Klartext: Solange es Menschen gibt, wird es soziale Ungleichheit geben, Ungerechtigkeit und Ausgrenzung. Das Bestreben eines modernen Staates sollte es sein, solche Schieflagen so gut es geht zu minimieren. Das tut Deutschland nicht. Hier muss Deutschland sich um seiner selbst willen bessern. Denn Deutschland kränkelt. Die Ausgrenzung spaltet das Land. Das ist nicht mein persönliches Bauchgefühl. Der Gewaltforscher Wilhelm Heitmeyer und sein Team von der Universität Bielefeld haben das mit ihrer Langzeituntersuchung *Deutsche Zustände* statistisch belegt: Im Jahr 2005 waren 87 Prozent der repräsentativ befragten Deutschen der Auffassung, dass »die Gesellschaft immer mehr auseinanderfällt«, 83 Prozent sahen keinen »großen Zusammenhalt« mehr. In derselben Forschungsreihe gaben ein Jahr später 87 Prozent der Befragten an, dass immer mehr Menschen an den gesellschaftlichen Rand gedrängt würden. 2002 waren es erst 77 Prozent gewesen. 2007 bestätigte ein Drittel der Befragten die Aussage, die Gesellschaft könne sich wenig nützliche Menschen nicht mehr leisten. 40 Prozent meinten, es werde zu viel Rücksicht auf Versager genommen.

Womöglich haben sich all diese Zahlen durch die Entspannung am Arbeitsmarkt, die wir Ende 2007 bis Mitte 2008 verzeichneten, etwas gebessert. Alarmierend sind sie allemal. Indem Ausgrenzung immer mehr einzelne Menschen bedroht, bedroht sie in letzter Konsequenz die ganze Gesellschaft.

Das Gefühl des mangelnden Zusammenhalts findet Ausdruck in der Frage nach der sozialen Gerechtigkeit. In einer Emnid-Umfrage für *Die Zeit* im August 2007 erklärten 72 Prozent der Befragten, die Regierung tue zu wenig für die soziale Gerechtigkeit. Diese Auffassung zog sich durch alle Schichten.

Soziale Ungleichheit, Hartz IV, die »neue Armut« – seit Jahren sorgen diese Themen für Gesprächsstoff. Deutschland erlebt einen Sozialabbau auf hohem Niveau. »Leistung lohnt sich«, an diesen Leitsatz der Wohlstandsrepublik glauben die ehemals bei Nokia Beschäftigten, »Aufstocker« und andere Niedrigverdiener wohl nicht mehr. Gebetsmühlenartig wiederholen Politiker, dass die Menschen in Deutschland von ihrer Arbeit leben können sollten. Doch auch dieser Grundsatz gilt nur noch eingeschränkt. Alles weist darauf hin, dass einen Job zu haben nicht mehr heißt, davon auch leben zu können.

Wohlstand für alle, das war einmal.

Doch auch die Arbeitslosenquote ist kein verlässlicher Parameter mehr, an dem wir die sozialen Verhältnisse im

Land ablesen könnten. Dafür gibt es zu viele Menschen im Land, die zwar Arbeit haben, aber nicht davon leben können. Dafür gibt es zu viele Menschen, die keine gerechte Chance bekommen, Teil der Gesellschaft zu werden. Dafür gibt es zu viele Menschen, die sich trotz erbrachter Leistung immer weiter ausgegrenzt fühlen. Dafür müssten wir die rund drei Millionen Menschen dazurechnen, die Arbeitslosengeld bekommen, ohne in der Arbeitslosenstatistik aufzutauchen. Die Statistik zählt nur Personen, so das Bundesarbeitsministerium, die bestimmte Kriterien erfüllen, zum Beispiel offiziell arbeitslos gemeldet sind. Wir haben real also nicht dreieinhalb Millionen Hilfebezieher, sondern über sechseinhalb Millionen.

Es reicht also nicht mehr, allein auf die Gegensätze »berufstätig – nicht berufstätig« oder »arm – reich« zu schauen, wenn wir Deutschland besser verstehen wollen. Erst wenn wir die Verhältnisse als Teil und Ergebnis von Ausgrenzung betrachten, bekommen wir einen besseren Eindruck vom Gesamtbild. Und damit Ideen für Verbesserungen.

Es gibt noch andere grundlegende Veränderungen in Deutschland: Die traditionelle Familie bildet schon lange nicht mehr den Grundstein der Gesellschaft. Die soziale Infrastruktur Deutschlands hat sich ausdifferenziert – von der Alleinerziehenden über die Patchworkfamilie bis zur Homo-Ehe. Und auch das Diktum »Die Kinder sollen es mal besser haben« gilt heute nicht mehr in Gänze. Unausgesprochen ist für viele daraus »Die Kinder sollten es nicht schlechter haben« geworden. Und Deutschland ist nicht mehr ethnisch homogen.

In Deutschland sind alte Gewissheiten keine mehr – auch wenn das viele nicht wahrhaben wollen. Unter veränderten Bedingungen sucht die Politik nach einer neuen Balance zwischen Selbstverantwortung und Allgemeinheitsverpflichtung, es geht um die Ausgestaltung des Sozialstaats, aber auch um das Verhältnis von Sicherheit und Freiheit.

Die *taz*-Journalisten Nadja Klinger und Jens König schafften es 2006 mit ihrem Buch *Einfach abgehängt* in die Bestsellerlisten. Das Buch war eine kritische, wütende Bestandsaufnahme des Hartz-IV-Deutschlands, authentisch und eindringlich dank vieler Einzelschicksale, die die Autoren darstellten. Sie schrieben nieder, was viele empfanden: »Ausschluss aus der Gesellschaft. Schwund des Selbstwertgefühls. Erniedrigung. Verwahrlosung. Hoffnungslosigkeit. Echte Armut. Sie kann nicht länger an den Rand der Gesellschaft abgeschoben werden. Sie ist jetzt mitten unter uns.«

Das Fazit: Die neue Armut greift um sich. Der rücksichtslose Kapitalismus des einundzwanzigsten Jahrhunderts mündet in einen Kampf ums reine Überleben. Die Politik ist der Wirtschaft hoffnungslos ausgeliefert, so wie der Mensch den neuen, radikalen Verhältnissen: »Wer dem permanenten Druck und der Instabilität nicht gewachsen ist, fliegt aus dem Rennen. Er wird ausgeschlossen. Er ist überflüssig. Er muss nicht einmal mehr ausgebeutet werden.«

Der Sozialexperte der SPD, Karl Lauterbach, veröffentlichte 2007 einen Bestseller mit vergleichbarem Tenor. In seinem Buch *Der Zweiklassenstaat* erklärte er die Chancengleichheit in Deutschland zum Mythos. Anzunehmen, wir müssten nur im Detail um soziale Gerechtigkeit ringen, sei Wunschdenken. »Von der Wiege bis zur Bahre wird in Deutschland die Chancengleichheit verwehrt. Stattdessen herrscht der Zweiklassenstaat.« Beamte, gut verdienende Selbständige und Angestellte seien die Privilegierten in Deutschland. Die Ungerechtigkeit im Land paare sich mit einer gewissen Selbstgefälligkeit, anderen Sozialsystemen gegenüber vermeintlich überlegen zu sein.

In dieses Bild passt auch das Buch *Die Ausgeschlossenen*, das Heinz Bude Anfang 2008 veröffentlichte. Er beschreibt darin einen scheinbar unabänderlichen Endzustand, in dem Ausgegrenzte leben: »Was sie können, braucht keiner, was sie denken, schätzt keiner, und was sie fühlen, kümmert keinen.«

Wilhelm Heitmeyer formulierte zum selben Zeitpunkt die »Ideologie der Ungleichwertigkeit«. – »Auch heute grassiert – quasi hinter dem Rücken der angeblichen Aufklärung – eine Ideologie der Ungleichwertigkeit. Sie ist keineswegs historisch überholt, sondern tritt in ›moderaten‹ Formen auf, ist aber stets latent vorhanden (…). Diese Ideologie kommt in Gestalt der Abwertung schwacher Gruppen zum Ausdruck, die wiederum eine Legitimationsfunktion für Diskriminierung, Ausgrenzung und Gewalt erfüllt oder zumindest erfüllen kann.«

Die zitierten Positionen bilden den gegenwärtigen sozialkritischen Mainstream ab. Ich halte die Punkte auch für grundsätzlich berechtigt. Ein Schwachpunkt der Ausführungen besteht für mich allerdings darin, dass sie ein zu statisches Bild zeichnen. Die Ausgegrenzten mögen teilweise irrelevant für Deutschland sein, teilweise aber sind sie relevant geworden. Denn so paradox das klingt: Ihre Schwäche, ihre Nichtberücksichtigung gibt ihnen die Macht, dem ganzen Land wirtschaftlich zu schaden. Wenn wir den Blick öffnen für den Wettstreit zwischen Ausgrenzung und Integration, der gerade in Deutschland ausgetragen wird, ergibt sich ein anderes, dynamisches und genaueres Szenario.

Die Ausgrenzungsdebatte findet in Deutschland noch sehr stark aus der Vogelperspektive statt, und die vorherrschende Unterscheidung zwischen oben und unten oder drinnen und draußen ist häufig zu grob. Das Problem der Ausgrenzung ist viel komplexer als gemeinhin angenommen. Ein Drama, das sich nicht in fünf, sondern in fünftausend Akten abspielt; ein langfristiger und langsamer Prozess, der die deutsche Gesellschaft in den vergangenen Jahrzehnten negativ geprägt hat. Ausgrenzung passiert nicht mehr außerhalb der gutbürgerlichen Kerngesellschaft, sie geschieht auch mittendrin. Forscher sprechen von »Desintegrationszonen«. Viele Menschen werden aus der Mitte der Gesellschaft ferngehalten, andere ziehen sich bewusst zurück in unsichtbare Ghettos. Oder »Ghettos ohne Mauern«, wie der Berliner Soziologe Hartmut Häußermann es nennt. So werden die bestehenden Gräben tiefer, die Brüche häufen sich. Ränder werden größer und entstehen neu. Still und ohne großen Knall, fast unsichtbar durchziehen sie das ganze Land. Herzlich willkommen in DeutschRAND …

Das ist die schlechte Nachricht.

Die noch schlechtere Nachricht lautet: Die Ausgrenzungen häufen sich nicht nur, sondern haben auch stärkere Auswirkungen auf den Einzelnen. Denn sehen (oder finden) die Betroffenen keinen Ausweg aus der Ausgrenzungsfalle, schnappt diese zu. Es entsteht eine fatale Dynamik zwischen Ausgrenzung und Rückzug, die sich durch ganze Biographien ziehen kann.

Nehmen wir an, jemand wird erstmals so ausgegrenzt, dass es ihm bewusst ist. Diese Abwertung verletzt den Ausgegrenzten. Er versucht, gegen die Ausgrenzung anzukämpfen. Er versucht, sich zu beweisen, Anerkennung zu bekommen, durch beruflichen Aufstieg, Bildungserfolge, statusbringende Fortschritte aller Art. Gelingt das, kann der Einzelne der Ausgrenzung entkommen. Verliert der Ausgegrenzte den Kampf um Anerkennung, gilt die Ausgrenzung als bestätigt und wird aufrechterhalten oder verstärkt. Das ist natürlich etwas holzschnittartig, hier müssen wir uns sicher eine Vielzahl von Aufs und Abs, von Erfolgen und Misserfolgen vorstellen. Der Kampf um Anerkennung wiederholt sich womöglich viele Male über einen langen Zeitraum. Das identitätsstiftende Gefühl dazuzugehören schwindet ebenso wie die Teilhabe am gesellschaftlichen Leben. Irgendwann ist der Ausgegrenzte so frustriert, sein Selbstwertgefühl so gesunken, dass er Ohnmacht empfindet. Er kann nichts ausrichten gegen die Ausgrenzung. Er entzieht sich ihr. Er zieht sich zurück, unter seinesgleichen, an Orte, an denen er sich geschützt, wertgeschätzt und respektiert fühlt. Das kann der Freundeskreis, ein Verein, die Online-Community, eine bestimmte Mode- oder Stadtteilszene sein. Hier kann und darf jeder seine Identität ausleben, sich türkische Volksmusik anhören, in Ostalgie schwelgen, sich seine Ausgrenzung bestätigen lassen; hier zählen andere Werte als außerhalb.

Je umfangreicher das Angebot an Rückzugsräumen, desto eher wird der Ausgegrenzte ganz in ihnen aufgehen können. Dort kann er zumindest ungestört (über)leben und muss sich keine weiteren Verletzungen abholen. Die sogenannten Parallelgesellschaften verkörpern in diesem Sinne einen stumm gewordenen Protest, der sich als Abkehrmechanismus verselbständigt hat.

Wer ausgegrenzt wird und sich irgendwann machtlos fühlt, zieht sich immer mehr zurück. Dieser Rückzug erhöht das Maß der Ausgrenzung. Das verstärkt wiederum den weiteren Rückzug, der eine noch größere Ausgrenzung zufolge hat. Ein Teufelskreis. Die Menschen sind in einer *Ausgrenzungsspirale* gefangen.

Die Ausgrenzungsspirale ist sicher kein reiner Automatismus, und die Menschen sind ihr nicht zwangsläufig ausgeliefert. Wer aber einmal ausgegrenzt wurde, hat es schwer, der Situation zu entkommen. Die Bildungsverlierer von heute sind mit hoher Wahrscheinlichkeit die Hartz-IV-Empfänger von morgen.

Es gibt verschiedene Arten von Ausgrenzung. Die wichtigsten und wirkungsvollsten Typen sind:

die *selektive Ausgrenzung*, die durch Auswählen und Aussondern funktioniert;

die *strukturelle Ausgrenzung*, bei der entscheidende Rahmenbedingungen gesetzt oder erhalten werden;

die *abwertende Ausgrenzung* durch Diskriminierungen aller Art, durch Vorurteile und Stigmata.

Natürlich gibt es auch Kombinationen der genannten Typen, die die Ausgrenzung für die Betroffenen noch verschärfen.

Sortieren, sortieren, sortieren: Schule, Ausbildung und der ganze Rest

In seinem Buch *Kein schöner Land* schreibt Heribert Prantl, Leiter des Inlandsressorts der *Süddeutschen Zeitung:* »Die Schule ist der Ort der Schicksalskorrektur.« Sie sollte es vielleicht sein, aber in Deutschland ist sie es sicher nicht. Es verhält sich sogar umgekehrt. Führt die Grundschule tatsächlich noch im Großen und Ganzen Kinder unterschiedlichster Fähigkeiten und Familienverhältnisse zusammen, ändert sich das schlagartig mit dem Ende des vierten Schuljahrs.

Im deutschen Schulsystem werden Bildungsschicksale häufig zu früh festgelegt, direkt nach der vierten Klasse, wenn die Kinder etwa zehn Jahre alt sind. Zu diesem Zeitpunkt trifft die Selektion nicht ausschließlich arme und sozial schwache Kinder. Sie trifft auch die zu diesem Zeitpunkt vielleicht noch etwas verspielteren und sorgloseren Kinder.

Um es ganz unmissverständlich zu sagen: Der Ort der schärfsten selektiven Ausgrenzung in Deutschland ist die weiterführende Schule. Die Schule wirkt wie eine einzige große Sortiermaschine.

Kein Wunder eigentlich, denn zu diesem Zweck wurde das dreigliedrige Schulsystem, die Unterteilung in Hauptschule, Realschule und Gymnasium, eingeführt. Auf die Hauptschule gingen meist die Kinder der Unterschicht, auf die Realschule die der Mittelschicht aus Angestellten und Handwerkern, das Gymnasium blieb der Oberschicht und den Akademikerkindern vorbehalten.

Im Kern hat nicht nur das Schulsystem, sondern offensichtlich auch das zugrundeliegende gesellschaftliche Raster überlebt. Die Schule spiegelt aber Hierarchien nicht nur wider, sie erzeugt und verstärkt sie.

Das Festhalten am selektiven Schulsystem schadet vielen Jugendlichen in Deutschland maßlos, denn es produziert Verlierer am laufenden Band. *Wir* produzieren Verlierer am laufenden Band. Das schadet am Ende nicht den Jugendlichen allein. Es schadet ganz Deutschland. Das lässt sich auch so scharf benennen, wenn wir das Versagen der Eltern und des Umfelds mit in Betracht ziehen. Die Kinder und Jugendlichen selbst können am wenigsten für ihr Scheitern.

»Bildung für alle« – unter diesem Motto kam es in Deutschland in den sechziger und siebziger Jahren zu einer Bildungsexpansion. Der Bildungsstand der Deutschen stieg erheblich. Von dieser Offensive zehren wir bis heute. Wir haben uns auf diesen Lorbeeren ausgeruht. Die Welt aber hat sich verändert. Es ist an der Zeit, eine neue Bildungsoffensive zu starten.

Natürlich gibt es heute in Deutschland messbar mehr und bessere Schulbildung als noch vor dreißig oder vierzig Jahren. War früher die Hauptschule die meistbesuchte Schulform, ist sie es heute nicht mehr. Der Anteil an Realschülern und Gymnasiasten ist deutlich gestiegen. Gleichzeitig aber sind die Anforderungen an die Schulbildung gewachsen. Hauptschüler in den fünfziger, sechziger Jahren haben relativ leicht sichere Jobs gefunden. Für Hauptschüler heute gilt das nicht mehr. Hauptschule ist heute keine Qualifikation mehr, sondern für viele Tätigkeiten eine Disqualifikation. Hinzu kommt, dass weniger qualifizierte Schüler aus den für sie typischen Berufsfeldern verdrängt werden von Jugendlichen mit höherwertigen Zeugnissen.

Ich will aber nicht einstimmen in den allgemeinen Schul- und Lehrerhasser-Chor. An vielen weiterführenden Schulen, auch an Hauptschulen, leisten viele Lehrer gute und engagierte Arbeit. Viele Jugendliche haben bereits mit vierzehn, fünfzehn Jahren dermaßen viele Probleme angehäuft, die die Schule gar nicht mehr ausgleichen kann; schon gar nicht bei den vorherrschenden Strukturen. An dieser Stelle geht es mir lediglich darum, die systemische Ausgrenzung zu beschreiben. Und die lässt sich nicht von der Hand weisen.

In keinem anderen Industrieland hängen Schulleistungen, soziale Herkunft und Vermögen der Eltern so eng zusammen wie in Deutschland. Das Schulsystem ist in der Regel nur durchlässig nach unten, das heißt: Schüler können vom Gymnasium auf die Realschule geschickt werden, Realschüler auf die Hauptschule. In unserem Schulsystem spiegelt sich eine Fahrstuhlgesellschaft nach unten. Der Fahrstuhl nach oben, in die Realschulen und Gymnasien, ist meist leer. Die Anzahl der Haupt- oder Realschüler, die das Abitur nachholen, ist erschreckend gering. Die weiterführende Schule verstärkt bestehende soziale Verhältnisse, Ausgrenzung wird als Prinzip über Schülergenerationen hinweg stabilisiert.

Die Ausgrenzung hat dabei ein beachtliches – und beängstigendes – Maß angenommen. Einige Fakten:

- Etwa 80 000 Jugendliche verlassen jährlich die Schule ohne Abschluss. Das sind 800 000 in zehn Jahren. Die

Schulabbrecherquote liegt bei knapp 8 Prozent. Laut OECD-Bildungsbericht versickern jährlich 3,7 Milliarden Euro im deutschen Schulsystem, weil die Schüler keinen Abschluss schaffen oder Klassen wiederholen müssen. (Die OECD, ein Zusammenschluss von dreißig Industrieländern weltweit, führt jährlich 250 Studien durch, unter anderem im Bildungsbereich.)

- In Hamburg wurde nachgewiesen, dass jeder dritte Schüler mit einer Gymnasialempfehlung eine unterdurchschnittliche Lesekompetenz besaß. Dagegen wies jeder dritte Schüler mit einer Haupt- oder Realschulempfehlung eine überdurchschnittliche Lesekompetenz auf. Individuelle Fähigkeiten zählen in Deutschland weniger als soziale Herkunft.
- Jeder fünfte Fünfzehnjährige in Deutschland kann nicht richtig schreiben oder lesen beziehungsweise verstehen, was er gelesen hat.
- Die Hälfte aller Zuwandererkinder besucht die Hauptschule.
- Je älter die Kinder werden, desto kritischer sehen sie die Schule.
- Gemäß einer OECD-Studie besuchen ausländische Kinder, unabhängig von ihrem Potential, schlechtere Schulen als deutsche.
- Mehr als die Hälfte aller Jugendlichen, die die Hauptschule schaffen, finden keine Lehrstelle.
- Ungeachtet erfolgreicherer Schulsysteme in anderen Ländern können Schüler in Deutschland weiter sitzenbleiben – die schärfste Form der Ausgrenzung aus dem Klassenverband.
- Kinder in Deutschland empfinden die weiterführende

Schule offensichtlich als »Glückskiller«. 50 Prozent der Sechsjährigen gehen noch »sehr gerne« zur Schule, von den Dreizehnjährigen nur noch 16 Prozent.

- Dass das deutsche Schulsystem Kinder mit Einwanderungshintergrund so benachteiligt wie kaum ein anderes Land, wissen wir seit der PISA-Studie. Und das ist kein Minderheitenproblem mehr. Jedes dritte Kind unter elf Jahren hat ausländische Wurzeln. Tendenz steigend.
- Laut Internationaler Grundschul-Leseuntersuchung (IGLU-Studie) des Internationalen Verbands für Bildungsforschung bekommen Ausländerkinder bei gleicher Leistung (!) nachweislich schlechtere Noten als Deutsche. Wer ständig schlechter benotet und behandelt wird als verdient, hat Anlass, sich abzuwenden. Unfassbar ist die Tatsache, dass dieser Missstand nicht angegangen wird, obwohl das Problem seit Jahren existiert. Sind wir in Deutschland wirklich nicht dazu fähig, ein System zu etablieren, das die schulischen Beurteilungen überprüft? Das würde ja nebenbei sogar noch Arbeitsplätze schaffen. Und das ist nicht polemisch gemeint.
- Obwohl unser Schulsystem so stark aussiebt, ist die Elite der deutschen Gymnasiasten leistungsschwächer als die der Länder, in denen alle gemeinsam lernen.
- Die Segregation, die soziale Spaltung durch Bildung, setzt sich an Universitäten fort. Laut einer Umfrage des Deutschen Studentenwerks schaffen 83 von 100 Akademikerkindern den Hochschulzugang, aber nur 23 von 100 Arbeiterkindern. Also: Auch was das Studieren angeht, hat die soziale Herkunft entscheidenden Einfluss und nicht die individuellen Fähigkeiten. Und auch die deutschen Universitäten weisen, ähnlich der Schule,

eine vergleichsweise hohe Rate an Abbrechern auf. Nur jeder fünfte Studierende schafft auch seinen Abschluss. Das ist der vorletzte Platz unter den OECD-Mitgliedstaaten.

Das sind einige markante Zahlen und Fakten. Die Schwächen, Probleme und Missstände im deutschen Schulsystem fügen sich zusammen zu einem stimmigen Bild: Die deutsche Schule produziert Ungleichheit. Sie produziert Verlierer. Sie erzeugt zu wenig Chancen. Sie wird alleingelassen mit der Aufgabe, familiär oder sozial bedingte Rückstände von Kindern auszugleichen. Sie verbaut Biographien.

Bundespräsident Horst Köhler nennt die fehlende Chancengleichheit im deutschen Bildungssystem eine »unentschuldbare Ungerechtigkeit«. Schärfer kann man es in zwei Wörtern wohl nicht formulieren. Und der Bundespräsident sagt weiter: »Die Erkenntnisse sind da. Es geht um die Umsetzung. Und die Umsetzung ist zu langsam.«

Der Bundespräsident sagt damit nichts anderes als: Wir haben für deutsche Verhältnisse nicht nur eine Bildungskatastrophe. Wir haben auch ein katastrophales Bildungsmanagement. Dieser Vorwurf richtet sich letzten Endes an die Kultusminister der Länder. Da Schule nach der Föderalismusreform vollständig Ländersache ist, ist die Kultusministerkonferenz (KMK) das Machtzentrum des deutschen Bildungsapparats. Die Ministerrunde ist aber eher ein machtpolitisch geprägtes Spitzengremium der Schulbürokratie als ein Hort visionärer Vordenker. Das ist sowohl gewachsenen Strukturen als auch der politischen Konkurrenz der Bundesländer geschuldet.

Christian Füller, Fachjournalist für Bildungsfragen, hat die Kritik an den Mechanismen der Kultusministerkonferenz in seinem Buch *Schlaue Kinder, schlechte Schulen* pointiert zusammengefasst: »Beschließt ein Bundesland eine Regelung für seine Schulen, welche die anderen Länder nicht gut finden, drohen sie mit der Nichtanerkennung der Schulabschlüsse. Jede Entscheidung in der Kultusministerkonferenz muss aber einstimmig gefällt werden. So ziehen sich Abstimmungen oft über viele Jahre hin. (...) Das ist die eigentümliche Wahrheit der Kultusministerkonferenz genau wie der Bildungsverwaltung allgemein. Der Staat hat daraus im Laufe der Zeit eine undemokratische und bürokratische Apparatur entstehen lassen, die oft kaum in der Lage ist, eine Lösung für Schulprobleme herbeizuführen.«

Die natürlich gegebene Chancenungleichheit wird durch Chancenungleichheit in weiterführenden Schulen weiter verschärft statt entschärft. Das zu kritisieren hat nichts mit Gleichmacherei zu tun, sondern schlicht und ergreifend mit Fairness: Gleiche Leistung soll und muss gleich bewertet werden. Wo Missstände wissenschaftlich festgestellt worden sind, muss schnell Abhilfe geschaffen werden. Ferner: Kinder mit zehn Jahren schon auszusortieren, mit allen bekannten Folgen, ist unverantwortlich und schädlich für die Betroffenen wie für das Gemeinwohl. Und unterschiedlich begabte Kinder müssen unterschiedlich gefördert werden. Es nicht zu tun, das ist in der Tat Gleichmacherei.

Die Ausgrenzungsmisere der 420 000 Schüler an Förderschulen ist in diesem Zusammenhang nicht zu vernachlässigen. Nur ein Drittel dieser Schüler ist geistig oder körperlich behindert. Die Mehrheit gilt als lernbehindert und sozial auffällig. Ihnen haftet das Stigma an, »Minus-Kinder« zu sein. Um sie besonders zu fördern, richtete Deutschland eigens eine Schulform ein: Ausgrenzung als Problemlöser. Das Ergebnis: Acht von zehn Förderschülern schaffen keinen Abschluss.

Den Förderschulkritiker Professor Hans Wocken aus Hamburg überraschen die schlechten Ergebnisse nicht. Nach seinen Untersuchungen kommt er vielmehr zu dem Schluss: Je länger Kinder in der Sonderschule bleiben, desto dümmer werden sie. Das vermeintlich angepasste, niedrige Niveau zöge die Leistung erst richtig herunter. Förderschüler müssten in normale Schulen integriert werden.

Und sie hätten laut Grundgesetz sogar ein Recht darauf. Dort steht, dass kein Kind aus dem allgemeinen Bildungssystem ausgeschlossen werden darf. Wenn aber die Hauptschule schon zur »Resteschule« geworden ist, wie viele Fachleute und Bildungspolitiker sagen, was ist dann die Förderschule? Hans Wocken sagt: »Diese Schulen sind die Heimat des Subproletariats.«

Fakt ist, dass die Zahl der Förderschüler seit Mitte der neunziger Jahre deutlich gestiegen ist. Die Selektion wird offenbar strenger, so wie auch die Verhältnisse und Anforderungen auf dem Arbeitsmarkt strenger werden.

In einem vergleichbaren Zeitraum stieg übrigens die Zahl der Privatschüler, vorwiegend an Gymnasien, laut Statistischem Bundesamt um weit mehr als 30 Prozent, auf knapp 900 000 Schüler im Schuljahr 2006/2007. Viele Eltern, die es sich leisten können, entziehen ihre Kinder dem staatlichen Schulsystem. Wer will ihnen das vorwerfen?

Andreas Schleicher, Koordinator der PISA-Studie, kritisierte angesichts solcher Gesamtentwicklungen, in Deutschland herrsche das »Bewusstsein vor, dass man schlechte Schüler loswerden kann und Schüler in homogene Leistungsgruppen sortiert«. Die empörte Reaktion aus vielen Bildungsministerien bewies, dass er damit einen Nerv getroffen hat. Das Establishment will das alte – veraltete – System der Ausgrenzung bewahren.

Das bekam auch Vernon Muñoz zu spüren. Nachdem er als UN-Sonderberichterstatter Anfang 2006 zehn Tage lang Deutschland bereist hatte, um das deutsche Bildungssystem zu inspizieren, schrieb er in seinem Bericht, es sei durch Reformen »ein System zu schaffen, das den spezifischen Lernbedürfnissen jedes einzelnen Schülers besser entgegenkommt. In dieser Hinsicht legt der Sonderberichterstatter der Regierung eindringlich nahe, das mehrgliedrige Schulsystem, das selektiv ist und zu einer Form der De-facto-Diskriminierung führen könnte, noch einmal zu überdenken. In der Tat geht der Sonderberichterstatter davon aus, dass bei dem Auswahlprozess, der im Sekundarbereich I stattfindet (das Durchschnittsalter der Schüler liegt abhängig von den Regelungen der einzelnen Länder bei 10 Jahren), die Schüler nicht angemessen beurteilt werden und dieser statt inklusiv zu sein exklusiv ist.«

Diskriminierend also. Selektiv. Ausgrenzend. Obwohl dies kaum etwas anderes war als eine pointierte Zusammenfassung und Analyse der identischen Ergebnisse diverser Studien, verwahrten sich Bund, Länder und verschiedene Verbände gegen solche Pauschalkritik. So meinte zum Beispiel Josef Kraus, Präsident des Lehrerverbands, es sei seine »patriotische Pflicht«, sich nicht vor den Karren eines internationalen Gesamtschulkartells spannen zu lassen.

Es sollte ihm und den anderen vielleicht zu denken geben, dass die Kritik weder punktuell ist noch abflaut. So bemängelte unter anderem auch der Handwerkstag in Baden-Württemberg die »selektive Schulstruktur«. Die katholische Elternschaft ließ wissen, es sei »mit dem christlichen Menschenbild nicht zu vereinbaren, Kinder in einem Alter von neun Jahren auf einen Bildungsgang festzulegen«. Und auch das arbeitgebernahe ifo-Institut für Wirtschaftsforschung stellte fest, dass das deutsche Schulsystem »systematisch die Ungleichheit« fördere.

Der OECD-Wirtschaftsbericht 2008 für Deutschland führt insgesamt fünfzehn Punkte auf zur Verbesserung des deutschen Schulsystems. Dazu gehört, mehr Kindern bessere frühkindliche Betreuung und Bildung zuteil werden zu lassen.

Deutschland brauche bessere Lehrer, die leistungsorientiert bezahlt werden. Die Zahl der Schulformen solle abgesenkt werden. Das meint, freundlich formuliert, die Abschaffung der Hauptschule. Und die Selektion unter den Kindern solle deutlich später einsetzen. Fazit: »Die Entwicklung des Humankapitals ist für die langfristige Wirtschaftsleistung von größter Bedeutung. Seine Verteilung ist auch ein wichtiger Faktor für die Wahrung des sozialen Zusammenhalts.«

Insofern hat *Stern*-Reporter Walter Wüllenweber völlig recht, wenn er die Bildung zur »Schicksalsfrage der Nation« erhebt. Politiker aller Couleur haben die Bedeutung von Bildung erkannt. Zumindest, wenn wir ihnen zuhören und in ihre Redemanuskripte schauen. Doch wie so oft in der Politik lassen sich die Sonntagsreden mit den konkreten Taten ganz gut abgleichen, indem man auf die Ausgaben schaut. Wer Geld lockermacht, meint es wirklich ernst. Die Fakten: Absolut fließt inzwischen mehr Geld in die Bildung. Relativ aber sinken die Bildungsinvestitionen. Dem Bildungsbericht 2008 zufolge sind sie unzureichend. Kein Wunder: Gemessen an der wirtschaftlichen Leistung Deutschlands, dem Bruttoinlandsprodukt, sank der Anteil der Bildungsausgaben zwischen 1995 und 2006. Trotz PISA-Schock.

Deutschland liegt im internationalen Vergleich der Industrienationen unter dem Durchschnitt. Und 2007/2008, schätzt der Bildungsökonom Klaus Klemm, werde der Anstieg der Investitionen von der hohen Inflation direkt wieder aufgefressen. Im Vergleich zu den Top-Bildungsnationen in Europa wie Schweden oder Finnland hänge Deutschland weit zurück. Der rechnerische Abstand betrage jährlich 40 bis 45 Milliarden Euro. Und selbst wenn wir die Hälfte dieses rechnerischen Abstandes streichen, weil sich zum Beispiel frühkindliche Förderung, Ganztagsschule und mehr Personal politisch nicht gleichzeitig durchsetzen lassen, bliebe eine Differenz von 20 Milliarden Euro pro Jahr – wenn Ernst gemacht würde mit der Bildungsoffensive.

Nur zur Einordnung: Die Regierung Schröder war stolz darauf, 4 Milliarden Euro für den Ausbau von Ganztagsschulen bereitzustellen – gestreckt über mehrere Jahre.

Geld ist sicher nicht alles, aber eins wird doch deutlich: große Worte und kleine Taten – da klafft eine immense Lücke zwischen Anspruch und Wirklichkeit. Und in diese

Lücke stürzen die Bildungsverlierer, die wir ungebremst produzieren.

Was während der Schulzeit gesät wird, wird in der Zukunft geerntet. Der schulische Erfolg beziehungsweise Misserfolg weist den Weg in die Berufswelt oder ins berufliche Abseits. Was früher die Abstammung geleistet hat, leisten heute Zeugnisse und Diplome: Sie verleihen dem Besitzer in der Regel Status. Dazu hat Heike Solga, eine der scharfsinnigsten Ausbildungsforscherinnen im Land, Untersuchungen angestellt. Die Bildungsgesellschaft ist für sie eine Zeugnisgesellschaft. In ihrer Analyse *Ohne Abschluss in die Bildungsgesellschaft* macht sie deutlich: Die Zeugnisse belegen die Leistungsfähigkeit jedes Einzelnen. Je mehr Zeugnisse im Umlauf sind, umso härter die Auswahl. Die Jobrisiken, so Solga, für Geringqualifizierte wachsen. Man »exkludiert sie vermehrt von bestimmten Bewerberschlangen«, zumal Jugendliche »Selbstselektion« betrieben, sich also von vornherein als chancenlos sehen im Wettbewerb um bestimmte Ausbildungsgänge. Das mag realistisch sein, traurig ist es allemal. Früher nahmen weniger gut ausgebildete Menschen trotzdem am Erwerbsleben teil, heute gibt man ihnen noch nicht einmal die Chance dazu. Die gestiegene Bedeutung von Bildung macht schlechte Schule – und schlechte Schulzeugnisse – mehr denn je zum Ausgrenzungsfaktor.

In diesem verschärften Wettbewerb benachteiligten jungen Menschen doch noch Chancen zu eröffnen, dieser

Aufgabe widmet sich unter vielen anderen die Kompetenzagentur Herne. Die Büros liegen in einer Fußgängerzone, über einem Sozialkaufhaus. Drei Jugendsozialarbeiter arbeiten Tag für Tag »am Jugendlichen«, wie sie hier sagen: Kerstin Romberg-Giese (44), eine engagierte Frau mit siebzehn Jahren Berufserfahrung in diesem Bereich, Isabella Pacha, die mit fünfundzwanzig Jahren die Jüngste im Team ist, und Andreas Borghoff (37), ein ruhiger Typ und leidenschaftlicher Raucher, der sich gut in die Jugendlichen hineinversetzen kann. Wenn Not am Mann ist, springt Frank Köhler (46) ein, ein gebürtiger Wanne-Eickeler mit Ruhrpottslang. Er ist Geschäftsführer der Gesellschaft für freie Sozialarbeit, dem Trägerverein der Agentur. Sie alle arbeiten mit Lernbeeinträchtigten, Schulmüden, Straffälligen, Wohnungslosen, Süchtigen und jungen Menschen, bei denen es in der Familie nicht stimmt. Sie arbeiten mit jungen Menschen aus der Verliererzone. Mit jungen Menschen, die in unsichtbare Ghettos abgetaucht sind. Jungen Menschen, die das Bild an vielen Haupt- und Förderschulen prägen.

Oft belasten mehrere Faktoren ihr Leben und ihr berufliches Fortkommen. »Vermittlungshemmnisse« heißen sie im Behördendeutsch. Das schulische Problem ist da nur eins von vielen.

Isabella Pacha zum Beispiel betreut einen jungen Mann, der schon in frühester Kindheit immer wieder familiäre Brüche erlebt hat. Der Vater war ein Schläger, die Mutter floh ins Frauenhaus. Seitdem stottert der Junge. Irgendwann fing er an zu kiffen, Pillen zu schlucken, Pilze zu nehmen, und wurde süchtig. Außerdem ist er Vater eines dreijährigen Kindes. Den Hauptschulabschluss hat er gepackt, eine Ausbildung und die Berufsschule aber abgebrochen. Er ist einfach nicht mehr klargekommen, hatte keine Arbeit, konnte seine Wohnung nicht finanzieren und verlor sie. Er schlief mal hier, mal da. Sein Konto wurde gepfändet, er rutschte in die Privatinsolvenz.

»So – und dann sitzt er hier bei uns«, sagt Isabella Pacha und zieht die Augenbrauen hoch. Zum ersten Termin kommt er, zu den nächsten beiden nicht, dann doch wieder. »Wir machen zuerst wirklich Lebenshilfe und Lebensberatung. Wir versuchen dann immer, Stück für Stück die Problematiken zu lösen.« Die Themen Arbeiten und Weiterbildung kommen zuletzt. Vorher hätten die Jugendlichen den Kopf sowieso nicht frei dafür. Isabella Pacha gewann sein Vertrauen, kümmerte sich um eine Wohnung und die Schulden. Er fing an, zu allen Terminen zu erscheinen und alles zu erledigen, was Pacha ihm auftrug. »Erst nach knapp einem Jahr waren wir so weit, dass wir schauen konnten, wo es denn beruflich hingehen könnte.« Er musste sich zunächst durch ein kurzes Praktikum bewähren, mittlerweile ist daraus ein Langzeitpraktikum geworden. Wenn er sich anstrengt und Glück hat, bietet der Betrieb ihm vielleicht sogar eine Ausbildung als Koch an. Das ist eine vergleichsweise große Erfolgsgeschichte. Dem jungen Mann ginge es viel besser als am Anfang, er komme strahlend in die Beratung, sagt Pacha. Und er habe allen Grund, stolz zu sein. Denn die meisten kriegen die Kurve nicht, trotz aller Unterstützung.

So wie in dem Fall, von dem Frank Köhler berichtet. Über eine Förderschule kam ein straffälliger Jugendlicher zu ihm in die Kompetenzagentur. Köhler versuchte, ihn als Maler, Lackierer oder Lagerarbeiter unterzubringen. »Er fiel dadurch auf, gar nicht zu kommen oder zu spät zu kommen. Wenn er überhaupt kam, hat er erst mal Pause gemacht, um von der Pause in eine Zigarettenpause zu gleiten und nach der Zigarettenpause mit Bauchschmerzen nach Hause zu gehen.« Alles Reden nutzte nichts. Auch über die Familie kam Köhler nicht an den Jungen ran. Schließlich warf er ihn raus. Manche, heißt es in der Runde, seien eben noch nicht tief genug gefallen.

Andreas Borghoff betreut gerade einen Jungen, der nach dem Hauptschulabschluss zur Berufsschule ging, obwohl ihn eine Ausbildung zum Elektriker gar nicht interessierte. Er fing an massiv zu schwänzen. Ein Lehrer schaltete Borghoff ein. Im Gespräch mit dem Jungen kam heraus, dass er einer Spielsucht verfallen war. Morgens verließ er das Haus, als ginge er zur Schule, wartete aber draußen nur, bis die Eltern weg waren – und setzte sich an den Computer. Für dreizehn, vierzehn Stunden täglich. Beim Computerspielen verlor er jeglichen Realitätsbezug und geriet in eine Isolation. Mit der realen Welt, mit Menschen aus Fleisch und Blut, konnte er nichts mehr anfangen. Borghoff holte ihn aus dieser Welt wieder heraus. Er brachte ihn dazu, wieder zu seinem Fußballverein zu gehen. Zu Hause darf er nur noch unter Aufsicht an den Computer, für Schulaufgaben. Demnächst macht er einen Neustart. Er wechselt die Berufsschule. Holz und Metall, das würde ihn wirklich interessieren. Eine Garantie, dass er es durchhält, gibt es nicht. Die gibt es nie. »Es sieht gut aus«, sagt Borghoff deshalb nur.

Generell habe sich aber die Arbeit mit benachteiligten Jugendlichen schon sehr verändert, fasst Kerstin Romberg-Giese die Sicht der Jugendsozialarbeiter zusammen. Jugendliche ohne Abschluss seien in Herne viel mehr geworden. Sie hätten praktisch keine Chance mehr auf dem Arbeitsmarkt. Bei Hauptschülern mit Abschluss sehe es nicht viel besser aus. Von ihnen schafften es vielleicht 10 Prozent, einen Ausbildungsplatz zu bekommen. Was früher die Hauptschule war, sei heute die Realschule. »Die Entwicklung ist eindeutig: Als ich vor siebzehn Jahren hier anfing, konnten Jugendliche mit Hauptschulabschluss noch Verkäuferin oder Friseurin werden. Das ist bei uns heute nicht mehr der Fall.« Herne leidet unter dem Strukturwandel im Ruhrgebiet. Es gibt viel mehr Ausbildungssuchende als Stellen.

Die Unternehmen entschieden sich natürlich immer für die besseren Bewerber, für gute Realschüler oder Gymnasiasten, um den größten Nutzen und den wenigsten Ärger zu haben. Der – große! – Rest verabschiedet sich in Herne zunehmend vom ersten Arbeitsmarkt. »Wenn früher ein Jugendlicher zu uns kam, der keinen Ausbildungsplatz hatte, konnten wir ihm über Kontakte helfen, meist doch noch einen zu bekommen. In den vergangenen fünf Jahren sind immer mehr außerbetriebliche Maßnahmen entstanden, um Jugendlichen überhaupt ein Angebot machen zu können. Sicherlich sind solche Maßnahmen zum Teil sinnvoll, die Jugendlichen haben einen geregelten Tagesablauf, aber für viele ist das eine reine Warteschleife. Es fehlt oft die wirkliche Perspektive. Das ist der markanteste Unterschied, der in den letzten Jahren entstanden ist: Wir vermitteln heute in Warteschleifen.« Hier etwas für zwei Monate, da etwas für sechs Monate. Häufig können die Jugendlichen nur geparkt werden. Offiziell nennt sich das »Übergangssystem« oder »Übergangsmanagement«. Die meisten der Jugendlichen merken natürlich, was los ist. Ihre Motivation aufrechtzuerhalten ist ein schwieriges Geschäft. Manche nähmen die Warteschleife auch als gegeben und sagten wider besseres Wissen, sie gingen zur Arbeit.

Selbst in eine solche Warteschleife zu kommen ist nicht so einfach. »Die Jugendlichen werden nicht von der Berufsberatung angeschrieben: Du bist aus der Schule entlassen. Was machst du jetzt eigentlich? – Da kümmert sich keiner drum«, kritisiert Romberg-Giese. Im Gegenteil, bei der Berufsberatung müssten die Jugendlichen inzwischen zuerst ein Formblatt ausfüllen, erst vier bis sechs Wochen später gebe es dann einen Termin. Das schrecke viele Jugendliche ab. Zudem wüssten sie nicht, welche Möglichkeiten es gibt. Ein Blindflug durch die Behörden. Auf sich allein gestellt schafften das zahlreiche junge Menschen einfach nicht. Romberg-Giese: »Es ist ein Kampf. Schüler kommen ohne unsere Unterstützung gar nicht an die Beratung dran, an die Angebote, in die Warteschleifen.«

Wie heißt es beim Apostel Matthäus? Wer hat, dem wird gegeben. Wer nichts hat, kriegt auch nichts. Selbst kleine Chancen sind mittlerweile Mangelware.

Frank Köhler warnt: Viele Jugendliche würden in trübe Subkulturen abgleiten. Vermeintlich weiche Drogen spielten eine große Rolle. Kiffen und Komasaufen – das schaffe Gruppengefühl. »Die Jugendlichen versuchen sich darüber zugehörig zu fühlen, weil es über die klassischen Wege Ausbildung und Arbeit nicht mehr geht. Wir haben auf jeden Fall kaum noch jemanden, der bei uns reinkommt, wo wir sagen würden: Der ist nicht in dieser Richtung gefährdet.« Das heiße: Da die Jugendlichen die gesellschaftlichen Normen nicht erfüllen können, schaffen sie sich eine benebelte Ersatzwelt – und entfernen sich umso mehr.

Am härtesten trifft es die Schwächsten: die Förderschüler. Sogenannte Einfachausbildungen und Einfachstarbeitsplätze fallen mehr und mehr weg. Profile wie Beiköchin und Haushaltshelferin gibt es kaum noch. Köhler: »In den Baumärkten gab es früher Stellen, wo Leute nur Regale eingeräumt haben. Das waren solche Einfachstarbeitsplätze. Die gibt es nicht mehr. Wer heute in einem Baumarkt anfängt, der muss zwar auch Regale einräumen können, gleichzeitig aber auch kommissionieren, einen Kunden beraten und die Kasse bedienen können.« Mit Hilfe staatlicher Sonderprogramme und spezieller Berufsberater kämpfen sie in der Kompetenzagentur auch für die Förderschüler. Aber Kerstin Romberg-Giese macht sich nichts vor: »Selbst wenn sie es schaffen, eine außerbetriebliche Ausbildung zu bekommen, danach ist dann Ende.«

Köhler: »Es gibt eine Gruppe von jungen Menschen, die werden zu denen gehören, die übrigbleiben. Wir als Gesellschaft können sie nur vorbereiten auf ein Leben mit Hartz IV. Wie können sie trotzdem ein zufriedenes, gesundes Leben führen? Wie können sie teilhaben an der Gesellschaft, welche Freizeitaktivitäten sind möglich?«

Die Mannschaft in der Kompetenzagentur Herne ist sicherlich sehr motiviert, aber sie ist auch realistisch und scheut sich nicht, die Wahrheiten, die sie erlebt, beim Namen zu nennen.

Frank Köhler kennt auch die Grenzen seiner Arbeit – und macht eklatante Schwächen im System aus. Um dem Wegbrechen der Mittelschicht entgegenzuwirken, sagt Köhler, müssten vor allem auch diese Jugendlichen mehr unterstützt werden. Bisher würden entweder die Leistungsstärksten oder die Leistungsschwächsten gefördert. »Die Jugendlichen aus dem mittleren Bereich, die leistungsbereit, lieb und nett sind, aber eben nicht zu den Besten gehören, fallen durch. Für die tut keiner was.« Wer verhindern will, dass auch solche Jugendlichen an den Rand der Gesellschaft gedrängt werden, weil sie keinen Ausbildungsplatz mehr bekommen, der müsse auch hier etwas tun.

Natürlich haben sie in der Kompetenzagentur auch politische Visionen, einen Kombilohn für Azubis zum Beispiel. Statt den jungen Menschen Arbeitslosengeld für ihr »Nichtstun« zu zahlen, könne man das Geld auch den Unternehmen zur Verfügung stellen. Das würde es attraktiver, weil günstiger machen für Unternehmen, Azubis einzustellen. Auch das Wort »Ausbildungsplatzabgabe« fällt. Die großen Unternehmen hätten sich aus der Ausbildung fast vollständig zurückgezogen. Aber auch sie seien in der Verantwortung.

Insgesamt sehen die Jugendsozialarbeiter der Kompetenzagentur Herne skeptisch in die Zukunft. Neuerdings heiße es häufiger: Jetzt kommen bald die geburtenschwachen Jahrgänge, dann würde die Betreuung in Schule und Sozialeinrichtungen intensiver – und alles werde gut. Aber die Schwachen, die blieben doch schwach, meint Köhler. Der schwere Rucksack der »Vermittlungshemmnisse«, der verschwinde nicht so schnell.

Die Anstrengungen, die Deutschland für junge Menschen unternimmt, reichen nicht, meint Kerstin Romberg-Giese: »Wir geben ganz viel Geld dafür aus, die Probleme der Jugendlichen im Nachhinein in den Griff zu bekommen. Dabei müssten wir viel mehr dafür tun, die Probleme gar nicht erst entstehen zu lassen. Wenn die Kinder klein sind, müssen sie Chancen und Möglichkeiten bekommen. Wir kennen doch genug Familien, die ihre Kinder nicht in den Kindergarten schicken und so weiter. Da wird auch was gemacht, aber es ist langsam und mühsam und wenig. Es ist der Bedarf da, das ganze System zu ändern.«

Nicht nur in Herne gestaltet sich der Übergang von der Schule ins Berufsleben für eine erschreckend große Zahl von Jugendlichen als unüberwindbare Hürde. Immer mehr Jugendliche sind in den vergangenen Jahren nach der Schule im Übergangssystem, in Warteschleifen, gelandet. Sie verlängern häufig ungewollt ihre Schullaufbahn an sogenannten Berufsfachschulen, die nicht immer ein Zeugnis einbringen. Oder sie machen Praktika. Und die Bundesagentur stellt »berufsvorbereitende Maßnahmen« für sie bereit. Wenn sie Pech haben, bleiben sie dort hängen.

Das Übergangssystem ist von 1995 bis 2004 enorm gewachsen: um sage und schreibe 43 Prozent. In absoluten Zahlen ist das ein Anstieg von 341 000 auf 488 000 junge Menschen in Deutschland. Je länger die Jugendlichen in diesem System bleiben, desto geringer werden ihre Chancen auf eine Ausbildung. Sie werden von den jüngeren Jahrgängen überrundet. Die Chance, eine qualifizierte Ausbildung zu bekommen, ist für deutsche Jugendliche doppelt so hoch wie für Jugendliche mit ausländischen Wurzeln, selbst bei gleichen Fachleistungen. Ihre drastische Benachteiligung setzt sich fort. Aber die Ausbildungsmisere betrifft längst nicht nur Jugendliche ausländischer Herkunft. Die Wirtschaft sagt: Jeder fünfte Jugendliche in Deutschland ist nicht ausbildungsfähig.

Die Jugendlichen und ihre Eltern gänzlich aus der Verantwortung zu entlassen wäre unfair gegenüber dem Staat. Er kann nicht alles richten. Aber: wenn der Staat schon versucht zu helfen, sollte er es intelligent und systematisch tun. Genau das geschehe aber nicht, erläutert Heidi Merk, die Vorsitzende des Paritätischen Gesamtverbandes, bei der Vorstellung der Studie »Leerzeiten statt Lehrzeiten«. Gerade mit Blick auf die Leistung der Jobcenter sagte sie: »Wir stoßen auf auffällig ineffiziente Strukturen und unkoordiniertes, wenig zielgerichtetes Handeln der verantwortlichen Akteure. Den Schaden haben die jungen Menschen, die zwingend auf ein funktionierendes System der Ausbildungsförderung angewiesen wären. Sie haben bereits Erfahrungen mit dem Scheitern und Angst, erneut zu versagen. Sie bräuchten dringend verbindliche Motivation und Unterstützung. Insbesondere diejenigen, die als noch nicht ›ausbildungsreif‹ gelten, werden jedoch im Grunde genommen ohne Perspektive im Stich gelassen.« Die Vermittlungspraxis beruhe mehr oder weniger auf »Durchwurschteln«.

Jeder zweite Jugendliche mit Hauptschulabschluss landet heute im Übergangssystem. Im Bildungsbericht 2008 haben die Wissenschaftler noch genauer hingeschaut und die Verweildauer im Übergangssystem berücksichtigt: Vier von zehn Jugendlichen mit Hauptschulabschluss oder gar keinem Abschluss stehen auch zweieinhalb Jahre nach Schulende noch ohne Lehrstelle da. Geringqualifizierte Jugendliche, heißt es, würden zunehmend nicht mehr integriert in den Ausbildungsmarkt.

Und das Problem weitet sich aus. Denn jeder vierte Realschüler landet zunächst im Übergangssystem. Auch Realschüler haben mittlerweile Schwierigkeiten, nach ihrem Schulabschluss eine geeignete Ausbildungsstelle zu finden.

Einer von ihnen ist Manuel. Ich treffe den Achtzehnjährigen in den Werkstätten der Jugendhilfe Köln im Stadtteil Ehrenfeld. In Halle 18 arbeiten zwanzig Jugendliche in den Bereichen Metall, Holz und Kfz. Für jeden Bereich ist ein Meister zuständig, der die Jugendlichen schult. Die Werkshalle steht voll mit Maschinen, Werkbänken und einer hochgeklappten Tischtennisplatte. Es gibt einen Raum, in dem Kicker stehen, eine Küche, einen Unterrichtsraum, Sozialarbeiter. Die Erwartungen hier sind niedrig: Die Jugendlichen sollen erst einmal pünktlich kommen und mitarbeiten. Wer das schafft, gehört schon zu den Besseren.

Manuel arbeitet nicht in der Werkshalle. Der großgewachsene, gemütlich wirkende Junge hat eine Sonderaufgabe bekommen: Mit einem anderen Jugendlichen zusammen baut er einen Raum um – das neue Büro des Chefs der Werkstätte soll es werden. Und wie er so auf einem Tisch steht, mit dem Zollstock in der Seitentasche und dem Bleistift hinterm Ohr, dem schwarzen Kinnbart und den kurzen dunklen Haaren, die dunklen Augen fixiert auf die Platte, die er an der Decke festschraubt, wie er mit seinem Kollegen witzelt, während laut Musik aus einem Radio plärrt, da wirkt er wie einer, der schon länger im Tischlergeschäft ist. Wie ein Azubi. Aber genau das ist er nicht. Vor drei Jahren, im ersten Halbjahr der zehnten Klasse, hatte er einen absoluten Durchhänger. »Ich war richtig faul. Ich habe konsequent verweigert, Hausaufgaben zu machen.« An guten Tagen hat er in der Pause abgeschrieben. »Ich bereue das jeden Tag. Ich könnte mir dafür heute tausendmal in den Arsch treten.« Manuel antwortet oft kurz und knapp. Was es zu sagen gibt, hat er dann gesagt. Er schmückt nicht aus. Er macht keine Show. Er ist nicht der große Erzähler.

Damals hatte er die meiste Zeit andere Dinge im Kopf. Er hatte seine erste Freundin. Als sie sich trennten, hing ihm das lange nach. Zu Hause hatte er Probleme, seine alleinerziehende Mutter lebte von Hartz IV, er kam immer weniger mit ihr klar. Er sagt, er sei auf dem Weg gewesen hängenzubleiben. Doch dann gab er sich einen Ruck, hängte sich im zweiten Halbjahr richtig rein und schaffte den Abschluss. Notendurchschnitt 3,1. Sicher nichts Berühmtes, aber immerhin: ein Realschulabschluss.

Er bewarb sich mehrfach für eine Lehrstelle, aber er kam nirgendwo unter. Er hatte keine Beziehungen, war auf sich allein gestellt. Schon zu dieser Zeit hat er einen Traumberuf gehabt: Tischler. Nie kam für ihn eine andere Ausbildung in Frage.

Über eine Beratungsstelle kam er ans Institut für schulische und berufliche Bildung in Köln (ISBB). Seine erste »Maßnahme«.

Er war genervt von seiner Mutter. Sehr genervt. Ständig habe sie ihn gedrängt: »Jetzt mach doch mal was aus dir. Jetzt kümmer dich doch, hat sie gesagt. Zu mir, wo sie doch selber von Hartz IV lebt.« Er sagt das ruhig, aber mit aller Härte, abschätzig. Irgendwann platzte ihm der Kragen, er habe »die Bude zerlegt«, sei abgegangen wie »ein kleines HB-Männchen«. Er zog aus, aus Rücksicht auf seinen kleineren Bruder, wie er sagt, damit der den ganzen Mist nicht mitbekommt. Seit Februar 2007 lebt Manuel in einem Wohnheim für Jugendliche.

Zum Sommer 2007 bewarb er sich wieder auf Ausbildungsstellen als Tischler, rief sogar bei den Firmen an, wie er erzählt. Aber, sagt er, wenn die Betriebe hörten, er sei in einer Maßnahme bei der ISBB, hätten sie abgewunken. »So nach dem Motto: Wer da gelandet ist, kann ja nichts draufhaben.« Die Bundesagentur für Arbeit kümmerte sich um ihn, aber mit einer Lehrstelle wollte es einfach nicht klappen. Manuel fing an, mit dem Frust zu kämpfen.

Im Spätherbst 2007 begann er in der Werkstatt der Jugendhilfe Köln. Die zweite »Maßnahme«, wieder im Bereich Holz. Der Meister war beeindruckt: Der Junge kam nicht nur pünktlich und machte, was man ihm sagte – er machte es auch noch richtig gut. Geschickt sei er, begabt, das sagen sie über ihn bei der Jugendhilfe. Einer der Besten. Ausbildungsfähig und -würdig. Manuel blieb bei seiner radikalen Linie: Tischler – das ist es. Das liegt ihm. Das will er werden. Sein Traum: Lehre, Geselle, Meister – und so schnell es geht, will er dann seine eigene Tischlerei eröffnen. Aber der Junge mit dem Realschulabschluss packt den Einstieg nicht.

2008 bewarb er sich wieder. Der Meister habe auf seine Bewerbung geschaut, einen Rechtschreibfehler korrigiert, ein Komma. Kannst du so abschicken, habe er gesagt. Vierzig Bewerbungen will er geschrieben haben und das Telefon »heißtelefoniert«, auch wenn sein Sozialarbeiter ihm das nicht so ganz abnimmt. Manuels Motivation könnte durchaus besser sein.

Ein bisschen verteidigt sich Manuel, ein bisschen lenkt er ein. Ihm ist klar, dass er kein Überflieger ist. Er weiß, dass er Schwächen hat und nicht immer alles richtig gemacht hat. Aber er weiß auch, was er will und was er kann. Mit seinen Bewerbungen stößt er an Grenzen. Der Meister hier, selbst der habe ja über seine persönlichen Kontakte nichts für ihn tun können. Was soll da schon die fünfzigste oder sechzigste Initiativbewerbung bringen?

Ich spüre, wie Manuel zwischen Resignation und Hoffnung hin- und herschwankt, zwischen Frust und Trotz. Er scheint viel zu verunsichert, als dass er daran glauben mag, mit viel Willen sein Glück zwingen zu können. Manuel sagt: »Mein Leben geht einfach nicht los. Ich hänge fest in der Warteschleife. Ich hätte gerne eine Lehrstelle. Mehr Geld. Eine eigene Wohnung.«

Noch ein paar Wochen sind es bis Ende Juni, dann ist Manuels Zeit bei der Jugendhilfe um. Und dann? Die nächste »Maßnahme« wartet schon. Ein Berufsgrundschuljahr. Die schulische Qualifikation, die er dort erwerben könnte, hat er schon längst in der Tasche. Wenn er Glück hat, wird ihm die Zeit dort später in der Lehre als erstes Ausbildungsjahr anerkannt. Das liegt aber am Arbeitgeber. Die Chancen dafür sind eher gering. Manuel weiß das. Die dritte Warteschleife vor Augen, wird er richtig wütend: »Ich kann und ich will arbeiten. Ich habe keinen Bock auf diese Kinderkacke. Ich hau dann wieder die Arbeit weg, und die Sechzehnjährigen machen ihre Kinkerlitzchen.«

Seine Motivation sinke, sagt er. Aber er will weiter kämpfen. Ihm bleibe nichts anderes übrig, als 2009 wieder zu versuchen, eine Lehrstelle zu bekommen. Als Tischler.

Wissenschaftler haben im Auftrag der Ständigen Konferenz der Kultusminister der Länder und des Bundesbildungsministeriums 2006 den ersten nationalen Bildungsbericht vorgelegt. Abgesehen davon, dass es mich verblüfft hat, dass die deutschen Bildungspolitiker vor 2006 offenbar keinen bundesweiten Bildungsbericht für nötig hielten, ordnet er die Situation der Ausbildungswilligen so ein: »Für zwei Fünftel der Ausbildungsanfänger beginnt ihr Start ins Berufsleben mit Unsicherheit und ohne konkrete Bildungsperspektive. Diese Sachlage verlangt den Jugendlichen ein hohes Maß an motivationaler Stabilität ab. Man muss befürchten, dass, je länger die Unsicherheit anhält, Jugendliche an Ausbildungsmotivation verlieren und resignieren. Hier könnte ein wichtiges Arbeitskräftepotential für die Zukunft verspielt und sozialer Ausgrenzung Vorschub geleistet werden. (…) Die Probleme am unteren Rand des Ausbildungssystems können eine der zentralen Herausforderungen für die Gesellschaft im nächsten Jahrzehnt werden.«

Der Bildungsbericht 2008, der kurz vor Redaktionsschluss für dieses Buch erschien, hat diese Entwicklung bestätigt und untermauert.

Deutlicher geht es kaum. Mit dem »unteren Rand«, von dem hier die Rede ist, sind 40 Prozent gemeint. Fast die Hälfte der vermeintlichen Ausbildungsanfänger ist also von massiven Ausgrenzungsrisiken bedroht. Das *könnte* nicht eine der zentralen Herausforderungen für die Gesellschaft werden, sie *ist* es schon. Und wir erahnen, wie die Zukunft auf dem Arbeitsmarkt für viele dieser jungen Menschen aussehen wird. Bei den meisten summieren sich die Schwierigkeiten und Ausgrenzungserfahrungen.

Im Bildungsbericht 2008 heißt es: »Das duale System büßt tendenziell eine seiner großen Stärken ein, Jugendliche mit geringerem Bildungsniveau durch Ausbildung beruflich zu integrieren.«

Gleichberechtigung: Koch verdient 3403 Euro, Köchin 2062 Euro

Strukturelle Ausgrenzung ist mittelbar, indirekt und häufig verdeckt. Ein Beispiel für strukturelle Ausgrenzung sind die beschränkten beruflichen Möglichkeiten für Frauen. Sosehr in Deutschland auch die Gleichberechtigung von Mann und Frau betont wird – zum Beispiel im Zuge der Islamdebatte –, gesellschaftliche Wirklichkeit ist sie noch lange nicht. Natürlich ist die Emanzipation in Deutschland weit fortgeschritten, aber irgendwann scheint sie stehengeblieben zu sein. Sie ist unvollendet.

Ein Beispiel dafür ist die ungleiche Bezahlung von Frauen und Männern. 90 Prozent der Deutschen halten es für selbstverständlich, dass Männer und Frauen für die gleiche Leistung auch gleich bezahlt werden sollten. Die Realität sieht anders aus, wie aktuelle Zahlen des Europäischen Amts für Statistik, Eurostat, und der Hans-Böckler-Stiftung, der Gleichstellungsbericht der EU 2007, der Familienbericht und der Gender Datenreport 2005 der Bundesregierung belegen. Die wichtigsten Ergebnisse: Frauen verdienen in Deutschland im Schnitt 22 Prozent weniger als Männer. In Führungspositionen sind es sogar 33 Prozent. Der EU-Durchschnitt beträgt 15 Prozent, Deutschland liegt auf einem der letzten Plätze, lediglich gefolgt von Estland und Zypern. In Großbritannien verdienen Frauen 20 Prozent weniger als Männer. In Spanien sind es 13 Prozent, in Frankreich 11 und in Italien 9 Prozent.

Angesichts dieser Diskrepanzen will die EU-Kommission »alles Notwendige in die Wege leiten, um das Lohngefälle zwischen Frauen und Männern zu bekämpfen«. Zweifel daran sind gestattet, was diese Verlautbarung auszurichten vermag. Denn das Thema ist nicht neu, sondern jahrzehntealt. Der Skandal ist, dass sich daran trotzdem nichts ändert.

Das Forschungsinstitut Sinus Sociovision hat im Auftrag des Bundesfamilienministeriums durchschnittliche Bruttoverdienste ermittelt. Die Ergebnisse, die im April 2008 veröffentlicht wurden, sprechen eine deutliche Sprache: In fast jedem Berufszweig verdienen Männer mehr als Frauen. Ein Koch verdient in Deutschland 3403 Euro, eine Köchin 2062. Ein Bankfachmann bekommt 4215 Euro, eine Bankfachfrau 3049. Ein Architekt 4516, eine

Architektin 3368 Euro. Ein Krankenversicherungsfachmann 3998 Euro, seine Kollegin 3101, ein Maler 2384, die Malerin 2056 Euro. Der Abstand zwischen den Einkommen von Männern und Frauen hat sich seit Jahrzehnten kaum verringert. Die Benachteiligung der Frau beim Einkommen bleibt konstant.

In den neunziger Jahren haben Gewerkschaften und Arbeitgeber das Thema mehrfach in die Diskussion um Tarifverträge eingebracht. Gleichstellung wurde als Ziel genannt, auch Frauenförderung in Berufszweigen, in denen Frauen unterrepräsentiert sind. Vor allem große Unternehmen wie die Deutsche Telekom und die Deutsche Bahn unternahmen entsprechende Schritte, ebenso die Chemieindustrie und das Bankgewerbe. Doch an der Ungleichheit der Gehälter änderte sich kaum etwas.

Unabhängig von Bildungsgrad, Berufszweig oder Alter bekommen Männer in fast jedem Beruf mehr Geld als Frauen – und das ungeachtet der Tatsache, dass gerade junge Frauen eine vergleichsweise bessere Bildung vorweisen können als ihre männlichen Altersgenossen. Dass Männer prinzipiell dafür auch 22 Prozent mehr Leistung brächten, will wohl niemand ernsthaft behaupten. Und ob sie sich durchweg einfach nur besser verkaufen, ist auch zu bezweifeln.

Selbstverständlich gibt es auch andere Ursachen dafür, dass Frauen in Deutschland weniger verdienen als ihre männlichen Kollegen: Frauen unterbrechen häufiger ihr Berufsleben, zum Beispiel weil sie Kinder bekommen oder die Pflege kranker Angehöriger übernehmen. Und in einigen Berufszweigen sind ältere Frauen auch tatsächlich schlechter qualifiziert als Männer.

Aber: Frauen bekommen vor allem deshalb weniger Geld, weil sie Frauen sind. Die Gehaltslücke ist in weiten Teilen eine Gerechtigkeitslücke, das massive Lohngefälle nicht zu rechtfertigen. Mehr als 20 Prozent weniger Lohn für die gleiche Arbeit – das ist nicht einfach eine geschlechtsspezifische Diskriminierung. Es ist Ausdruck des konservativen Familienbildes, von dem viele denken, es habe die fünfziger Jahre nicht überlebt: der Mann als Ernährer und die Frau, die sich hauptsächlich um das Haus und die Kinder kümmert. Ausflüge von Frauen, vor allem von Müttern, ins »echte« Arbeitsleben sind in diesem Rollenverständnis eher als ein Akt der Selbstverwirklichung denn als vollwertige Berufstätigkeit zu begreifen – und insofern auch nicht voll zu bezahlen.

Die Wirtschaftswissenschaftlerin Elke Holst vom Deutschen Institut für Wirtschaftsforschung in Berlin hat sich umfangreich mit dem Thema beschäftigt. Ihr Fazit in einem Zeitungsinterview: »Die Bezahlung spiegelt einfach nur das Rollenbild wider: Ein Vorgesetzter, der glaubt, eine Frau habe sich in erster Linie um Haushalt und Kinder zu kümmern, während ein Mann die Familie ernähre, wird einer Frau immer ein niedrigeres Gehalt anbieten als einem Mann, denn sie ist in seinen Augen ja nur die Zuverdienerin.«

Nicht mal jeder zweite Mann glaubt, dass Männer und Frauen in der heutigen Arbeitswelt gleichberechtigt sind. Bei den Frauen sind es nur 14 Prozent. Obwohl sich seit den sechziger Jahren die Familienstrukturen grundlegend verändert haben, blieb die ökonomische Schlechterstellung berufstätiger Frauen Realität. Die rot-grüne Regierung hat die Frage der Vereinbarkeit von Familie und Beruf massiv angesprochen und eine positive Entwicklung angestoßen. Dennoch sind die Hürden für Frauen, die Familie und Job unter einen Hut bekommen wollen, hoch. Generell wird immer noch zu wenig Rücksicht auf die familiäre Situation genommen; flexible Arbeitszeiten für Mütter sollten eine Selbstverständlichkeit sein, sind es aber nicht. Die Elternzeit muss und sollte keine totale Auszeit bedeuten. Mütter könnten sich weiterbilden und beruflich auf dem Laufenden bleiben, wenn es die entsprechenden Möglichkeiten dazu gäbe.

Bei Krippenplätzen ist der Nachholbedarf groß. Im Osten gibt es derzeit für 37 Prozent aller Kinder einen Krippenplatz (als positives Erbe der DDR), im Westen nur für etwa 3 Prozent.

Die Aufmerksamkeit für das Thema, das Bewusstsein dafür, wächst. Es ist aber auch eine Gegenbewegung zu registrieren; die größte mediale Aufmerksamkeit bekam sicher die Moderatorin Eva Herman, die für die Rückkehr zur klassischen Rollenverteilung zwischen Mann und Frau warb, ehe sie sich disqualifizierte, indem sie die vermeintliche Wertschätzung der Familie im Dritten Reich lobte. Nichtsdestoweniger schien sie mit ihrem Plädoyer für die klassische Rollenverteilung einen Nerv getroffen zu haben. Knapp 30 Prozent der befragten Deutschen stimmten 2007 der Aussage zu: »Frauen sollen sich wieder mehr auf die Rolle der Ehefrau und Mutter besinnen.«

Für Frauen, die das weder tun noch wollen, haben die ungleichen Einkommensverhältnisse eine eindeutig ausgrenzende Wirkung. Das ist besonders schmerzhaft für alleinerziehende Frauen, da gerade die sozial Schwächeren unter ihnen häufig jeden Euro gut gebrauchen könnten. Aber auch für Frauen in Partnerschaften und Ehen ist die Ausgangslage strukturell schwierig: Stehen heute Mann und Frau vor der Entscheidung, wessen Karriere Vorrang hat, beispielsweise ob man zugunsten des einen umziehen sollte oder nicht, tritt die Frau oft zurück, weil der Mann einfach mehr verdient. Das bestätigt auch die Studie zur Entgeltungleichheit des Bundesfamilienministeriums. Die Frau muss schon einen erheblich qualifizierteren Job haben, um das ganz handfeste Geld-Argument zu neutralisieren.

Im Grundgesetz ist der Schutz von Ehe und Familie an prominenter Stelle verankert. Artikel 6 Absatz 1 lautet: »Ehe und Familie stehen unter dem besonderen Schutze der staatlichen Ordnung.« Lange Zeit wurden Ehe und Familie in Deutschland gleichgesetzt. Aber vielleicht waren die Autoren des Grundgesetzes weitsichtiger, indem sie beides unabhängig voneinander aufführten: Ehe *und* Familie. Heute können wir nur feststellen: Das klassische Rollenbild zu bewahren, dieses Ziel steckt in den Strukturen Deutschlands – offensichtlich stärker als in vielen anderen Ländern Europas.

Das Ehegattensplitting zum Beispiel, das die Regierung Adenauer 1958 einführte, schafft Vorteile für die klassische Familie mit einem (männlichen) Ernährer. 1958 mag das noch nachvollziehbar gewesen sein, damals war die traditionelle Familie der Normalfall. Der heutigen Vielfalt von Familienmodellen wird das Ehegattensplitting nicht mehr gerecht. Trotzdem wird es weiterhin eingesetzt, um das klassische Ehemodell zu fördern, zum Beispiel mit handfesten Steuervorteilen. Die traditionelle Familie ist (wieder) zur Idealform geworden, die der desorientierte Bürger nur anerkennen muss, wenn nötig, dann eben mit Hilfe von finanziellen Argumenten. Weite Teile von CDU, CSU und FDP unterstützen das Ehegattensplitting auch heute noch.

Das Ehegattensplitting ist kaum etwas anderes als eine Subvention der traditionellen Familie. In einer Ehe ohne Trauschein zum Beispiel stehen beide Partner finanziell schlechter da. Anstatt nur den Familien einen Vorteil zu verschaffen, die dem klassischen Rollenbild entsprechen, wäre es gerechter, insgesamt für mehr Kindertagesstätten, Kindergärten und (Ganztags-)Schulen zu sorgen. Das würde auch die Chancen für Mütter auf dem Arbeitsmarkt erhöhen.

Doch das Gegenteil ist der Fall: Deutsche Frauen mit mehreren Kindern ziehen sich häufiger aus dem Berufsleben zurück als in vielen anderen europäischen Ländern. Die Vereinbarkeit von Familie und Beruf ist weiterhin schwierig bis unmöglich. Die Liste der Hürden ist lang: fehlende Angebote von (ganztägiger) Kinderbetreuung, durch die »Pause« bedingte Karrierenachteile, Qualifikationsverlust, mangelnde Flexibilität seitens der Arbeitgeber und der soziale Druck, klassische Vorstellungen zu erfüllen. Die Konsequenz: knapp die Hälfte aller berufstätigen Frauen arbeitet Teilzeit. In kaum einem anderen europäischen Land ist diese Quote so hoch. Und wer Teilzeit arbeitet, hat weniger Aufstiegschancen. Viele Mütter fallen ganz aus dem Berufsleben heraus.

Dieser Entwicklung versucht man mittlerweile gegenzusteuern. Zum Beispiel mit dem Aktionsprogramm »Perspektive Wiedereinstieg« des Bundesfamilienministeriums und der Bundesagentur für Arbeit. Es soll Frauen ab vierzig in Jobs zurückführen. Immerhin 175 Millionen Euro stellt die Bundesagentur für Arbeit für die Weiterqualifizierung von Frauen bereit. Nüchterne Begründung: Sie könnten ja noch ein Vierteljahrhundert arbeiten. Bundesfamilienministerin Ursula von der Leyen sagte bei der Vorstellung des Programms: »Es ist unendlich wichtig, ihnen Perspektiven zu verschaffen.« Perspektiven, die ihnen zuvor verbaut wurden. Wie heißt das Sprichwort? Man wird nur aus Schaden klug.

Familie und Beruf sind für Frauen in Deutschland nach wie vor schwer vereinbar. Wenn wir den Aufschrei der katholischen Kirche und aus Teilen der CDU/CSU gegen den Ausbau von Krippenplätzen verfolgen, erkennen wir, welche Kräfte die veraltete Struktur erhalten und möglichst weiter ausgrenzen wollen. Ausgrenzung erfolgt hier aufgrund einer ideologisch festgelegten Vorstellung von Familie, passiere im wirklichen Leben, was da wolle.

Die Politik sucht insgesamt zu wenig nach Lösungen für diese Probleme, stattdessen versucht sie, die neuen Entwicklungen ihrem veralteten (Wunsch-)Denken, ihren alten Interessen anzupassen. Die Menschen sind in diesen Fällen nicht mündige Bürger, sondern Geiseln politischer Ideologien.

Gut ausgebildete Frauen, die berufstätig sein wollen, entziehen sich häufig dieser Ausgrenzung, indem sie keine Kinder bekommen. Deutschland hat eine der niedrigsten Geburtenraten unter Akademikerinnen. Die von den oben genannten Kreisen gewünschten Verhältnisse werden dadurch unterwandert, die Frauen deshalb als kinderfeindlich und karrieregeil abgestempelt. Soziale Ächtung gesellschaftlicher Veränderungen – auch ein Mittel der Ausgrenzung.

Dabei bedeuten die Reformbemühungen der – pikanterweise konservativen – Bundesfamilienministerin Ursula von der Leyen ja nicht, dass dadurch ein Krippen- und Arbeitszwang für Frauen entsteht, die eigentlich zu Hause bleiben wollen. Es geht umgekehrt darum, Frauen, die Familie und Beruf vereinbaren wollen, eine brauchbare Struktur anzubieten.

Da empfiehlt es sich, die Studie »Frauen auf dem Sprung« sehr ernst zu nehmen. Im Auftrag der Zeitschrift *Brigitte* befragte das Wissenschaftszentrum Berlin für Sozialforschung junge Frauen. Ergebnis: Die große Mehrheit der Befragten will beides, Beruf *und* Kinder. 85 Prozent wollen arbeiten und finanziell unabhängig sein, mehr als zwei Drittel wünschen sich außerdem eine Familie mit Kindern. Im Gegensatz zu früheren Generationen forderten die Frauen dies sehr selbstbewusst und kompromisslos ein, so die Studienleiterin Professor Jutta Allmendinger.

In der deutschen Berufswelt herrscht keine Chancengleichheit für Männer und Frauen. Das gilt an der Spitze ebenso wie unten. Schauen wir einfach in die Vorstände der dreißig börsennotierten DAX-Unternehmen: Eine einzige Frau hat es gegenwärtig in diese illustre Männerrunde geschafft. Der Frauenanteil in Vorständen der mittelgroßen M-DAX-Unternehmen liegt laut Hans-Böckler-Stiftung bei 1,8 Prozent, in kleineren S-DAX-Unternehmen bei 3,8 Prozent und in TecDAX-Firmen bei 5 Prozent.

Das bedeutet natürlich nicht, dass die männlichen Vorstände regelmäßig beieinandersitzen und sich überlegen, wie sie die Frauen aus ihren Herrenrunden heraushalten könnten. Die Altherren-Netzwerke und Seilschaften tun sicherlich das Ihre, aber häufig schaffen es Frauen gar nicht erst, den oberen Chefs überhaupt gefährlich zu werden, weil ihre Ausgrenzung schon viel früher beginnt. In der Wissenschaft wird das Phänomen als »Gläserne Decke« bezeichnet: Trotz bester Qualifikation bleibt Frauen ab einem bestimmten Punkt der Aufstieg verwehrt. Christiane Funken, Soziologieprofessorin an der Technischen Universität Berlin, sagt: »Die systematische Beseitigung der Gläsernen Decke dient nicht nur einer gerechteren Verteilung von Lohn und von Chancen auf dem Arbeitsmarkt, sondern stellt auch einen Beitrag zur Vermeidung von volks- und betriebswirtschaftlicher Verschwendung dar.«

Auch wenn Lobbyistinnen mit Veranstaltungen, die den Missstand anprangern, nicht von heute auf morgen etwas verändern können, sie machen doch deutlich: Es regt sich Widerstand. Am 15. April 2008 fand der »Equal Pay Day«, ein internationaler Aktionstag für Entgeltgleichheit von Männern und Frauen, zum ersten Mal auch in Deutschland statt. Die Initiative dazu hatte die Organisation »Business and Professional Women« (BPW) Deutschland ergriffen, ein Netzwerk von Geschäftsfrauen – erfolgreich, selbstbewusst, hochgebildet. BPW ist in achtzig Ländern vertreten und genießt Beraterstatus bei den Vereinten Nationen und beim Europarat. »Es gibt keinen Grund, warum Frauen weniger Geld für ihre Arbeit bekommen sollten als Männer«, sagt die Präsidentin von BPW Deutschland, Bettina Schleicher.

Auf der Pressekonferenz saß neben mehreren Expertinnen auch Silke K. Die Siebenundvierzigjährige war im schwarzen Rolli und hellen Jackett gekommen. In ihre halblangen, blonden Haare mischt sich hier und da etwas Grau. Sie wirkte angespannt, denn sie hatte eine schwierige Aufgabe übernommen. Silke K., sie ist Abteilungsleiterin Personal bei einer großen deutschen Verwertungsgesellschaft, saß da als Betroffene. Sie berichtete, dass sie derzeit auf Grundlage des Allgemeinen Gleichbehandlungsgesetzes wegen »Entgeltdiskriminierung und der Übergehung bei der Beförderung« gegen ihren Arbeitgeber klage. Jahrelang habe sie weniger verdient als ihr männlicher Kollege in der gleichen Position und sei übergangen worden bei einer Stellenbesetzung. Sie betonte, sie sei kein Einzelfall und der Auftritt in der Öffentlichkeit »keine Abrechnung«. Es gehe ihr um das gesellschaftliche Problem, dass Frauen weniger bezahlt bekommen als Männer. Sie kritisierte das erstinstanzliche Gericht, das ihre Klage abwies. Obwohl es längst eindeutige Gesetze gebe, dauere in Deutschland der »Gerichtsschlaf« in Sachen Entgeltgleichheit an.

Silke K. sagte: »Ich jedenfalls bin fest entschlossen, diesen zu beenden, wenn nötig durch alle Instanzen bis hin zum Europäischen Gerichtshof. Das kostet viel Kraft.«

Die Geschichte hinter ihrer Wut, hinter ihrem Gerichtsprozess erzählte Silke K. an diesem Tag nicht.

Ich nahm Kontakt zu ihr auf. Sie stimmte einem weiterführenden Interview zu, sofern ich Rücksicht darauf nähme, dass es sich um ein schwebendes Verfahren handele. Ich nahm die eine oder andere Unschärfe in Kauf und fuhr Richtung Schwarzwald, um mit Silke K. über ihren Job, ihren Lohn und ihren Kampf zu sprechen; ausgerechnet am Tag der Arbeit. Die Bahnlinie führte mich an hohen Tannenwäldern, grünen Wiesen und romantischen Bachläufen entlang.

In dieser Idylle war Silke K. zur Kur. Sie sah tatsächlich etwas erholter aus als am »Equal Pay Day«, sie hatte etwas Frühjahrssonne abbekommen. Silke K. leidet am Restless-Legs-Syndrom, das mit Muskelzucken und Bewegungsunruhe der Beine beschrieben wird. Es handelt sich um eine Erkrankung des peripheren Nervensystems. Die Auseinandersetzung mit ihrem Arbeitgeber zehrte im wahrsten Sinne des Wortes an ihren Nerven. Gerade nachts, sagte Silke K., hätten die Beine zuletzt stark gezuckt. An Schlaf sei dann nicht mehr zu denken, und sie starte müde in den Tag. Das sei psychosomatisch, hätten die Ärzte gesagt, deshalb die Kur. Vorher habe sie sich nicht so darum gekümmert. Vorher, das heißt vor dem Konflikt mit ihrem Arbeitgeber. Mittlerweile hat sie ihre Restless Legs, ihre rastlosen Beine, als Schwerbehinderung anerkannt bekommen. Als Abteilungsleiterin Personal kennt K. sich im Arbeitsrecht natürlich gut genug aus, um zu wissen, dass sie das zusätzlich vor einer Kündigung schützt.

Wir aßen zu Mittag im Restaurant des Hotels, in dem Silke K. das Hotelfach gelernt hat. Danach hat sie BWL studiert, arbeitete im Bereich Weiterbildung, unter anderem bei den Steigenberger Hotels. Anfang der neunziger Jahre wechselte sie zu ihrem jetzigen Arbeitgeber, der Verwertungsgesellschaft, erst als Personalreferentin, dann als Abteilungsleiterin Personal an einem der Standorte.

Sie hat vier Mitarbeiterinnen unter sich, ist zuständig für dreihundert Arbeitnehmer.

Dass sie deutlich weniger Geld verdient als ein Personalleiter an einem anderen Standort, wusste K. schon lange. Es hatte sie auch nicht überrascht. Aus ihrem Freundeskreis kannte sie das Thema. Und als Personalerin hatte sie – anders als die meisten Arbeitnehmer – ja beruflich immer wieder Einblick in das Gehaltsgefüge.

Ihr Vorgesetzter behauptete, es sei ein Versehen gewesen, ihr weniger zu zahlen. Ein Zufall. Ständige Gehaltserhöhungen würden aber gegenüber dem Vorstand schlecht aussehen, gerade als Personalabteilung. Deshalb müsse sie damit leben. Irgendwie nahm sie ihrem Vorgesetzten diese Argumente ab. »Ich habe mich immer bequatschen lassen und bin dann wütend rausgegangen und habe später gedacht: Eigentlich ist Geld nicht alles für mich, was zählt. Ich habe das dann einfach so hingenommen.«

Silke K. besann sich darauf, dass sie im Job viele Freiheiten hatte, gut mit den Mitarbeiterinnen und anderen Abteilungen auskam. »Die Sache mit dem Geld schien dann auf einmal nicht mehr so wichtig.« Heute ist Geld für Silke K. nicht einfach nur Geld, ein paar hundert Euro mehr oder weniger pro Monat. Heute bedeutet Geld für sie Anerkennung. Anerkennung ihrer Arbeitskraft, ihrer Leistung, Anerkennung als gleichwertig – mit Männern.

Die Ungleichbehandlung habe sich auch bei Fortbildungen gezeigt. Als sie eine machen wollte, habe es geheißen, das lohne sich doch nicht. Ihr männlicher Konkurrent habe die Fortbildung aber genehmigt bekommen. Silke K. ärgerte sich – und arrangierte sich wieder. Frauen seien oft zu stolz, um sich richtig zu wehren, sagt sie. Sie meinten, ihre Chefs müssten doch auch so erkennen, dass sie gute Arbeit leisteten.

Im Herbst 2006 steuerte dann alles auf den Eklat zu; vorangegangen waren zahlreiche Gespräche und Ereignisse. Im Kern wurde Silke K. vor vollendete Tatsachen gestellt: Ihr bisheriger Vorgesetzter bekomme eine neue Aufgabe, ihr Konkurrent vom anderen Standort werde ihm nachfolgen. Silke K. fühlte sich übergangen, heulte aus Frust, weil das Unternehmen sie offenbar überhaupt nicht für den Job in Betracht gezogen hatte. »Im Nachhinein habe ich mich beruhigt. Wenn du alles machen kannst, was du bisher gemacht hast, dann …«

Genau das aber sollte nach dem Willen der Vorgesetzten anders laufen. Zunächst war von einer Umbenennung der Direktion die Rede. Ihr Konkurrent forderte, alle Vorgänge sollten über seinen Tisch laufen. Bis dahin habe Silke K. im Tagesgeschäft fast immer selbst entschieden, sagt sie. Kurz vor Weihnachten forderte er sie auf, bis zum neuen Jahr über ihre berufliche Zukunft nachzudenken.

Dann rief der scheidende Vorgesetzte samstags vormittags bei ihr an, als sie gerade mit einem Kaffee im Bett saß. Im Unternehmen wird an einem Schwarzen Brett über interne Personalwechsel und neue Aufgabenbereiche der Mitarbeiter informiert. Er sagte sinngemäß: Sein Nachfolger sei auch nicht glücklich darüber, dass am Montag auf einem solchen Aushang stehen werde, dass er mit dem neuen Job auch die Leitung der Personalabteilung übernehme werde.

Sie dachte nur noch: Sie sägen dich ab. Und in ihrem

Kopf machte es »klick«. Das war der Tropfen, der das Fass zum Überlaufen bringt. Plötzlich fügten sich für sie die Details der vergangenen Jahre zu einem Gesamtbild: die schlechtere Bezahlung, die abgesagte Fortbildung, die Beförderung ihres Konkurrenten. Für Silke K. war in diesem Moment klar: Es geht nicht um Leistung. Es geht nicht um Qualifikation. Sie rennt vor eine unsichtbare Mauer, weil sie eine Frau ist. In diesem Moment beschloss sie, die Sache nicht mehr einfach nur hinzunehmen.

»Das war der Punkt, an dem ich gesagt habe: Jetzt reicht es! Ich habe keine Lust mehr, das Spiel mitzuspielen.« Sie sei keine Emanze, aber sie habe einfach die Schnauze voll gehabt. Ihr Partner überredete sie, es noch einmal mit einem Schreiben an den Vorstandsvorsitzenden zu versuchen – erfolglos. »Wenn ich eine gute Leistung bringe und das wird letztlich nicht honoriert, ist das für mich verletzend, weil ich dann denke: Ich bin ein Mensch zweiter Klasse. Das ist es, was ich dabei ganz klar empfinde. Ich werde als Frau diskriminiert. Inhaltlich haben wir das Gleiche gemacht, da gibt es nichts.«

Dieses Gefühl, als Frau als minderwertig angesehen zu werden, treibt Silke K. bis heute an. Es gehe für sie ums Prinzip. Andere Frauen in einer solchen Situation hätten ihr Unternehmen verlassen. Manche hätten verhandelt, einige seien versetzt worden.

»Mir geht es nicht nur um den Einzelfall. Solche Lösungen helfen der Masse an betroffenen Frauen nicht wirklich. Mir liegt daran, einen Weg aufzuzeigen, wie Frauen sich auf ihr Recht berufen können, die gleiche Bezahlung wie ihre männlichen Kollegen zu erhalten. Ich will ein Umdenken in den Köpfen erreichen. Deshalb strenge ich diesen Musterprozess an. Ich will ein Grundsatzurteil herbeiführen, das die Arbeitgeber zum Nachdenken anregt.«

Bei ihrer Klage beruft sie sich schließlich auf das Allgemeine Gleichbehandlungsgesetz (AGG). Sie werde beim Entgelt diskriminiert und bei der Beförderung übergangen, weil sie eine Frau ist. Silke K. stürzte sich nicht im Affekt in diesen Prozess. Ihr Partner ist ein erfahrener Jurist. Sie befasste sich akribisch mit der Thematik, nahm sich einen Anwalt. Oft genug hat sie ihre Firma beim Arbeitsgericht vertreten, um nur zu gut zu wissen, dass sie dort nichts geschenkt bekommt. Für Goliath war sie dort schon gewesen, dieses Mal würde sie David sein – ohne Garantie auf Erfolg. Das AGG verlangt, Indizien vorzuweisen, die eine Diskriminierung aufgrund des Geschlechts zumindest nahelegen. Schwierig genug für eine Arbeitnehmerin. Und dann führt der Arbeitgeber natürlich eine Vielzahl an Gegenargumenten auf: Qualifikation, Erfahrung, Spezialkenntnisse …

Je mehr sich Silke K. mit der Materie beschäftigte, desto wütender wurde sie. Zum Beispiel stehe seit Jahrzehnten der Grundsatz des gleichen Entgelts bei gleicher oder gleichwertiger Arbeit im EG-Vertrag. Die Mitgliedstaaten hätten sicherzustellen, dass dieser Grundsatz auch ausgeführt werde, aber in Deutschland sei er praktisch Luft.

Oder: Sachverständige, sogenannte Arbeitsbewerter, könnten für Gerichte begutachten, ob Tätigkeiten vergleichbar seien. In der Schweiz kein Problem, in Deutschland schon.

Oder: In Großbritannien sei ein Unternehmen zu 800 000 Euro Strafschadensersatz verurteilt worden, weil männliche Vorstände zu ihren Kolleginnen bei einer Tagung mit Selbstversorgung gesagt hätten, sie sollten in die Küche gehen und Kaffee kochen.

Oder: US-Unternehmen in Deutschland würden sich anders verhalten, weil in Amerika Ungleichbehandlung mit harten Strafen sanktioniert werde.

Und Silke K. guckte sich ihr Unternehmen noch einmal genauer an: In den zwei höchsten Hierarchieebenen sei keine einzige Frau zu finden, obwohl 80 Prozent der Mitarbeiter weiblich seien. Für sie kein Zufall.

»Gleichberechtigung ist seit Jahren ein Schlagwort, aber so richtig umgesetzt haben wir es nicht. Ich finde Deutschland schon sehr, sehr rückschrittlich. Aber ich kann doch nicht immer sagen: So ist das halt in Deutschland. Ich muss doch irgendwann mal anfangen, das aufzubrechen, oder? In anderen Ländern geht das. Warum sind wir eigentlich so anders?«

Vor Gericht hat Silke K. zunächst verloren. Die Unterlagen sind umfangreich und juristisch spitzfindig. Kurz gesagt: Der Richter folgte ihr nicht. Was die Beförderung angeht, sei es ein Konkurrenzkampf gewesen, unabhängig vom Geschlecht. Mehr nicht. Und die unterschiedliche Bezahlung könne ja auch an den unterschiedlichen Standorten gelegen haben, an den jeweils anderen Lebenshaltungskosten. Unsinn, wendet Silke K. ein, tariflich würde zwischen den Standorten in ihrem Unternehmen kein Unterschied gemacht.

Das Unternehmen hatte den Vorwurf der Diskriminierung auch deshalb zurückgewiesen, weil der Konkurrent

Erfahrung darin habe, Personal zu entwickeln und sie nicht. Dabei, sagt sie, stehe doch in ihren Zeugnissen, dass sie mindestens genauso viel Erfahrung mit Personalentwicklung habe. Nur zwei Beispiele dafür, warum Silke K. davon überzeugt ist, das erstinstanzliche Urteil stehe auf tönernen Füßen.

Und so will sie weiter klagen. Sie weiß, dass das Jahre dauern kann, aber sie ist bereit dazu, solange ihre Gesundheit mitmacht. Sie habe die Unterstützung von Kolleginnen und Kollegen, Betriebsratsmitgliedern und der Frauenlobby. Sie hofft, dass sie mit ihrer Klage für alle Frauen in Deutschland etwas erreicht. Sie hofft, dass andere Richter ihren Fall anders sehen werden.

Gibt es denn, unabhängig vom Einzelfall, Maßnahmen der Politik, um die ungleichen Gehälter in Unternehmen zu unterbinden?

In der aktuellen Studie des Bundesfamilienministeriums zur Entgeltungleichheit kommen die Forscher von Sinus Sociovision zu einem ernüchternden Ergebnis: »Aus Sicht der Bevölkerung ist der Handlungsbedarf für eine Entgeltgleichheit groß. Gleichzeitig ist die Hoffnung gering, dass sich an diesem Problem (zeitnah) etwas ändert. Entgelt*un*gleichheit ist eine in allen Branchen und Berufen verbreitete Normalität und so stark verankert in der Unternehmenskultur, dass es nur schwer vorstellbar ist, dass und wie Entgelt*gleichheit* auf den Weg gebracht werden kann. (...) Um Entgeltgleichheit übergreifend zu etablieren, bedarf es aus Sicht der Bevölkerung anderer

Hebel beziehungsweise politischer Instrumente: Ohne ein Eingreifen des Staates wird Entgeltgleichheit nicht erreicht werden.«

Wie könnte solch ein Eingreifen des Staates aussehen, um, wie die Fachleute sagen, den »Gender Pay Gap« zu schließen? Die Autoren der Sinus-Studie lassen das offen. Andere europäische Regierungen gehen wesentlich offensiver zu Werke als die Bundesregierung. Nur ein Beispiel: Die norwegische Regierung hat ein Gesetz erlassen: Seit Januar 2008 müssen börsennotierte Unternehmen mindestens 40 Prozent der Sitze im Aufsichtsrat an Frauen vergeben. Real waren es bis dahin nur 7 Prozent. Bis zum Frühjahr hatten fünfhundert Firmen dem Gesetz Folge geleistet, andere hatten allerdings auch ihre Rechtsform geändert, um nicht unter die neue Quotenregelung zu fallen.

Eine Studie der Deutsche Bank Research kommt zu dem Ergebnis, dass die Wirtschaft infolge des Fachkräftemangels und des demographischen Wandels mehr weibliche Arbeitskräfte brauchen wird. Dass wir in dieser Hinsicht nicht gut aufgestellt sind, hat auch der Chefvolkswirt der Deutschen Bank, Norbert Walter, laut *tageszeitung* selbstkritisch angemerkt. »Wir kriegen es nicht gut hin, Mütter bei ihrer Karriere zu begleiten.« Offenbar kann er sich sogar den Einsatz umstrittener Mittel vorstellen, um dem abzuhelfen: »Eine Quote kann dann nötig sein, wenn sich trotz ausgefeilter und guter Argumentation in den Köpfen nichts bewegt.«

Dass sich in den Köpfen etwas Entscheidendes tut, lässt sich nicht erkennen. Bundesfamilienministerin Ursula von der Leyen will aber offensichtlich nicht mit Gesetzen und Quoten arbeiten. Die Tarifpartner seien in der Pflicht und könnten das Problem nicht allein der Politik zuschieben, sagt sie. Die Ministerin geht die Sache eher defensiv an und glaubt offensichtlich nicht, dass sie die Lohngleichheit erzwingen kann. Stattdessen fordert sie von Firmen, ihre Löhne offenzulegen. »Wir brauchen Transparenz bei den Löhnen, damit wir überhaupt erst mal analysieren können, wie diese Ungleichheit zustande kommt.«

Von der Leyen versucht damit, die Ungleichheit bei den Löhnen in jedem Unternehmen sichtbar zu machen. Die bereits erwähnte Sinus-Studie greift diesen Punkt auf: »Ungleichstellung geschieht im Verborgenen«, heißt es dort. Schließlich sähen viele Arbeitnehmerinnen nur ihren eigenen Lohnzettel und seien sich der erheblichen Lohnunterschiede gar nicht bewusst. Also sähen sie auch keinen Grund, sich zur Wehr zu setzen. Auf der Grundlage von transparenten Lohnsystemen ließe sich die ungleiche Bezahlung sicher leichter bekämpfen als mit allgemeinen Absichtserklärungen.

»Wir riefen Arbeitskräfte, doch es kamen Menschen«

Knoblauchfresser, Spaghettis, Sozialschmarotzer – abwertende Bezeichnungen für bestimmte Personengruppen sind geradezu schon Klassiker. Dabei vermischen sich häufig zwei Prozesse, die sich im schlimmsten Fall zu einer negativen, lang anhaltenden Grundstimmung verdichten. Zum einen können sich diskriminierende Vorurteile und Stigmata entwickeln, ohne durch bestimmte Akteure gesteuert zu werden. Ausländerfeindlichkeit ist sicher kein Ziel der demokratischen Parteien in Deutschland. Trotzdem ist sie politisch ständig präsent. Zum anderen können Parteien, zum Beispiel im Wahlkampf, mit der latent vorhandenen »Ausländerangst« arbeiten, um bestimmte Wählerkreise zu erreichen.

Ein umfassenderes Verständnis von abwertender Ausgrenzung hat der Gewaltforscher Wilhelm Heitmeyer mit seinen Kollegen in der Langzeituntersuchung *Deutsche Zustände* gegeben. Zum Konzept der »gruppenbezogenen Menschenfeindlichkeit« zählen sie die Abwertung von Obdachlosen, Langzeitarbeitslosen und Hartz-IV-Empfängern, aber auch sogenannte Etabliertenvorrechte (das heißt, Alteingesessene beanspruchen für sich Vorrang).

Die härteste Form abwertender Ausgrenzung erlebten und erleben wohl die Gastarbeiter und ihre Nachkommen. Ausländerpolitik war jahrzehntelang primär Ausgrenzungspolitik; bewusst, zuweilen vielleicht auch unterbewusst. In der ersten Gastarbeiterphase – zu Zeiten der Kanzler Adenauer, Erhard und Kiesinger – herrschte eine ignorante Nichtpolitik, die leicht erkennbar ausgrenzend wirkte. Niemand sah die politische Notwendigkeit, Gastarbeiter in die deutsche Gesellschaft einzugliedern. Eine Anpassungsleistung war von ihnen nicht zu verlangen, ebenso wenig wie Deutschkenntnisse. Gastarbeiter waren Gäste auf Zeit. Sie sollten arbeiten und basta. So brachten nur zwei von zehn angeworbenen Ausländern eine berufliche Qualifikation mit, was man getrost als erste – und von heute aus betrachtet folgenreiche – Ausgrenzung betrachten kann, eine Ausgrenzung nämlich von qualifizierteren Kräften, die Deutschland wirtschaftlich auf lange Sicht mehr geholfen hätten.

Viele Ausländer wurden in speziellen Wohnheimen untergebracht und so auch räumlich ausgegrenzt.

Die Schulbildung der bald nachziehenden Kinder interessierte deutsche Bildungspolitiker und Behörden herzlich wenig. Bis 1971 gab es nur in Nordrhein-Westfalen und Baden-Württemberg eine Schulpflicht für Ausländer. Ein Viertel der Kinder ging gar nicht in die Schule. Den Unterricht für die eingeschulten ausländischen Kinder nannte *Die Zeit* damals ein »Provisorium«: Nur ein Drittel der ausländischen Schüler schaffte den Hauptschulabschluss; wie sie später, zurück in der Heimat, damit klarkamen, war ihr Problem.

Auch nach mehr als fünf Jahrzehnten Arbeitsmigration kann die bildungspolitische Bilanz nicht zufrieden stellen: 18 Prozent der Jugendlichen ausländischer Herkunft bleiben ohne Schulabschluss, 40 Prozent fehlt jegliche berufliche Qualifizierung, so steht es im siebten »Bericht zur Lage der Ausländerinnen und Ausländer« vom Dezember 2007. Die Integrationsbeauftragte der Bundesregierung, Staatsministerin Maria Böhmer, spricht von einem »Alarmzeichen«. Alarmstufe Rot, hoffe ich, damit sich etwas ändert. Erschwerend kommt hinzu, dass bei gleichen Fachleistungen die Chancen zum Beispiel eines türkischstämmigen Jugendlichen auf eine Berufsausbildung gerade einmal halb so groß sind wie die eines deutschen.

Auch Vermieter grenzten aus. Auf dem freien Wohnungsmarkt bekam man als Türke eigentlich kaum eine Wohnung. Oder die Ausländer mussten tief in die Tasche greifen und Wuchermieten zahlen. (Heute ist so etwas zwar seltener geworden, aber es passiert immer noch. Die *Westdeutsche Allgemeine Zeitung* berichtete im Mai 2008, eine einundvierzigjährige Gelsenkirchenerin türkischer Herkunft sei von einem Vermieter am Telefon gefragt worden, ob sie denn Ausländer in der Familie habe? Er habe ja nichts gegen Ausländer, aber die anderen Mieter schon.)

Ein striktes Ausländerrecht liefert dazu den juristischen Rahmen. Die regelmäßige Erteilung von Aufenthalts- und Arbeitserlaubnissen erzeugt bei vielen Ausländern das Gefühl, der Entscheidungsgewalt der Behördenmitarbeiter ausgeliefert zu sein.

Bereits 1965 schrieb die Große Koalition das Inländerprimat ins Ausländergesetz. Die Erteilung der allgemeinen Arbeitserlaubnis erfolgte abhängig von der Lage auf dem Arbeitsmarkt. Erst sollten, wenn vorhanden, Deutsche den Job angeboten bekommen, dann Ausländer.

Es brauchte wohl den Scharfsinn des Schriftstellers Max Frisch, um zu erkennen: »Wir riefen Arbeitskräfte, doch es kamen Menschen.«

Die sozialliberale Koalition unter Willy Brandt verhängte 1973 den Anwerbestopp. Das Wirtschaftsklima hatte sich durch die Ölkrise dramatisch verschlechtert. Mehr als 2,6 Millionen Gastarbeiter sollten es nicht werden.

Vorher ungeordnete Ausgrenzungstendenzen wurden zu handfesten Strategien. Die zuständigen Ämter und politisch Verantwortlichen hatten versäumt, das Anwerben und Einbürgern der Ausländer samt ihrem Familiennachzug vernünftig zu steuern. Zwei Jahrzehnte nach Beginn der Anwerbung – 1955 waren die ersten Gastarbeiter aus Italien gekommen – beschloss die Regierung eine Danke-und-tschüss-Politik: Den unhöflich lang bleibenden Gastarbeitern wurde die Rückkehr in die Heimat schmackhaft gemacht: Wer ging, bekam 9500 D-Mark geschenkt. Die meisten blieben trotzdem. Spätestens zu diesem Zeitpunkt hätte Deutschland seine Verabschiedungspolitik wohl stoppen sollen. Stattdessen wurde 1973 das Inländerprimat verschärft.

Die nachfolgende Kohl-Regierung stockte die »Abfindungen« für Rückkehrer noch einmal auf. 1983, fast drei Jahrzehnte nach dem ersten Anwerbeabkommen zwischen Deutschland und Italien, erließ die Bundesregierung das »Gesetz zur Förderung der Rückkehrbereitschaft von Ausländern«. Darin wurden verschiedene Anreize festgelegt, die Ausländer zur Heimkehr anregen sollten. Dazu gehörten Rückkehrberatung und -hilfe, Abfindungen für die betriebliche Altersversorgung sowie die Erstattung des Arbeitnehmeranteils zur gesetzlichen Rentenversicherung ohne Wartefrist.

Ausgerechnet der Strukturwandel in Deutschland hat viele der Gastarbeiter abgehängt und arbeitslos gemacht. Fast alle gehörten in ihrem Heimatland zur »Unterschicht«, sie waren Arbeiter, Dorfbauern und Ungelernte. Und genau sie wollte Deutschland haben, Hauptsache, kräftig und gesund. Es störte nur wenige von ihnen, schlecht ausgebildet zu bleiben. Das Wirtschaftswunderland versprach ihnen dennoch Arbeit und ein besseres Leben. Heute jedoch werden die Zuwanderer-Communities durch Digitalisierung und Globalisierung für ihre Bildungsferne bestraft. Die Arbeitslosigkeit unter ihnen ist enorm hoch. Viele Zuwanderer leben im Prekariat. Und sie wissen es.

Als Reaktion auf diese Benachteiligungen ziehen sich weite Teile der ersten Generation zurück und resignieren. Diskriminierungen empfinden sie nicht selten pauschal als Rassismus der ewigen »Nazideutschen«.

Deshalb haben die rechtsextremen Attacken von Hoyerswerda und Mölln, vor allem aber von Solingen enorme Nachwirkungen. Am 29. Mai 1993 steckten dort vier junge Männer aus Ausländerhass das Haus der türkischen Familie Genç an. Fünf Menschen starben in den Flammen. Der Schreck – ja, die Todesangst – steckt vielen Zuwanderern, gerade Deutsch-Türken, in den Knochen und hat die Erziehung der heutigen Jugendlichen mit geprägt.

Der Frust und die Verletzungen, mit denen die erste Gastarbeitergeneration bis heute zu kämpfen hat, sind verständlich. Und es ist nachvollziehbar, dass Migration, wie sie die meisten der ersten Generation erlebt haben, krank machen kann. Mindestens 60 Prozent der Zuwanderer dieser Generation sollen einer Studie zufolge an Heimweh, Angstzuständen und Depressionen leiden, obwohl sie seit Jahrzehnten hier leben.

Die Hamburger Soziologin Nikola Tietze hat zum Beispiel Ausgrenzungserfahrungen muslimischer Jugendlicher untersucht. Für Tietze »ist die Ausländerfeindlichkeit von den jungen Erwachsenen der zweiten Generation derart in die Vorstellung von der eigenen Situation integriert, dass die Chancenungleichheit, die Benachteiligung am Arbeitsmarkt und in der Schule, auf einer subjektiven

Ebene vorweggenommen werden. Ohne sich auf eine Arbeitsstelle zu bewerben, kann eine Person schon auf die Unmöglichkeit einer Einstellung schließen und somit jegliche Initiative aufgeben. (...) Das Entscheidende daran ist das Risiko der Selbstbeschränkung auf eine Opferhaltung, die den Disqualifikationsraum zu einem Ausgrenzungsraum werden lässt«.

Anders gesagt: Die Ausgrenzungsspirale kann sehr früh einsetzen – und sehr früh unumkehrbar werden, so wie bei vielen männlichen Jugendlichen der zweiten und dritten Generation. So meinen etliche von ihnen zu wissen, dass sie nicht nur heute, sondern auf immer und ewig Verlierer sein werden, »Loser«, »Opfer«. Und wie reagieren sie darauf? Sie geben bewusst den Macho; etwa, indem sie die Autorität von Lehrerinnen nicht anerkennen. Diese Machokultur geht weit über das Zwischengeschlechtliche hinaus ins Gesellschaftspolitische nach dem Motto: Wenn ihr mich als »Ausländerproblem« stigmatisiert, dann wehre ich mich nicht, sondern übersteigere die zugewiesene Rolle. Ich grenze mich selbst aus.

»Trotz-Identität« nennen das die Soziologen. So geprägte Jungs können ihren Mitschülern, ihren Lehrern – und auch ihrer Familie! – das Leben zur Hölle machen. Hinter der gespielten Stärke versteckt sich erlebte Schwäche. Das erklärt schlechtes Benehmen, überspitzte »Assi-Kultur« und Gewalt. Sie kann aber keine Entschuldigung dafür sein.

Natürlich entwickeln sich gerade in sozial schwachen Migrantenmilieus auch Mechanismen der Selbstausgrenzung (wie in entsprechenden deutschen Milieus). Anders als viele gebürtige Deutsche kann ich sehr gut nachvollziehen, wie Zugewanderte hier in dreißig Jahren nur schlecht oder gar nicht Deutsch lernen. Trotzdem sind sie dafür auch selbst verantwortlich. Ich kann nachvollziehen, wie Jugendliche mit ausländischen Wurzeln, die hier geboren sind, sagen: Wir sind keine Deutschen. Doch die ersten, denen das weh tut, sind sie selbst. In diesem Land zu sein, ohne hier wirklich leben zu wollen, das ist Selbstausgrenzung.

Die sogenannten Parallelgesellschaften sind häufig Rückzugsräume für Ausgegrenzte, dort finden sie Gemeinschaft, Schutz und Respekt; dort sind aber auch viele Menschen unterwegs, die nie versucht haben, wirklich in Deutschland anzukommen. Eine Lösung ist das nicht, wie ich bereits in einem *Zeit*-Artikel geschrieben habe: »Der Weg heißt: Wille zum Einmischen, Wille zum Mitmachen, Wille zur Teilhabe.« Und das gilt ganz genauso für schwierige deutsche Gruppen.

Gerhard Schröders rot-grüne Regierung versuchte als erste überhaupt, die deutsche Politik mit der Wirklichkeit im Lande in Einklang zu bringen. Unter den Stichworten »Einwanderungsland« und »Doppelpass« entschied sich die rot-grüne Bundesregierung für eine idealistische Integrationspolitik, die einiges in den Köpfen, aber wenig an der Lebenswirklichkeit änderte. Dafür sorgte allein schon die Abwehrhaltung der Hardliner in der Union, die maßgeblich daran beteiligt waren, ein liberaleres Einbürgerungsrecht auszuhebeln und ein qualifiziertes Zuwanderungsverfahren (nach einem Punktesystem) zu verhindern. Sie blieben bei ihrer ausgrenzenden Linie.

Sonja Margolina, eine russische Publizistin, die in Berlin lebt, kritisierte zu Recht den Streit um Worte statt um politische Visionen: »Ob Deutschland ein Einwanderungsland ist oder nicht, ist lediglich eine Definitionsfrage. Was der Bundesrepublik jedoch fehlt, ist ein elementares Selbstverständnis als Nation, das alle Einwanderungsländer haben, die deshalb integrationsfähig sind. Die ›Überwindung‹ des Nationalen ist daher keine Bedingung für eine erfolgreiche Integration, wie die Politik suggeriert, sondern im Gegenteil ein ernsthaftes Hindernis.«

Die Idee des Doppelpasses wurde von den Konservativen so stark beschnitten, dass wenig davon übriggeblieben ist. So ist es keine Überraschung, dass Deutschland in den Jahren 2007 und 2008 beim »Migrant Integration Policy Index« (MIPEX), der die Integrationspolitik der fünfundzwanzig EU-Staaten (mit Ausnahme von Rumänien und Bulgarien) sowie von Kanada, Norwegen und der Schweiz vergleicht und bewertet, unterdurchschnittlich abschneidet.

Insgesamt ist Deutschland, trotz der Integrationsbemühungen der Großen Koalition, nur Mittelmaß – Rang 14. Und auch dieser Platz im Mittelfeld darf nicht trügen: Auf Platz eins ist Schweden, gefolgt von Ländern wie den Niederlanden, Finnland oder Kanada. Alle großen EU-Länder – Frankreich, Großbritannien, Italien, Spanien – liegen vor Deutschland. Hinter Deutschland rangieren die osteuropäischen Staaten, Österreich und die Schweiz.

Vergleichsweise ordentlich schneidet Deutschland bei der »politischen Teilhabe« ab. Menschen ausländischer Herkunft engagieren sich in Verbänden, Beiräten und Parteien. Die »politische Teilhabe« bleibt aber stark eingeschränkt. Menschen, die mittlerweile länger in Deutschland leben als in ihrem Herkunftsland, und jahrzehntelang

Steuern gezahlt haben, bekommen noch nicht einmal ein kommunales Wahlrecht. Die Sozialdemokraten haben es zwar in ihrem Parteiprogramm stehen, trauen sich aber nicht, ihren Koalitionspartner auf diesem Feld herauszufordern. Währenddessen machen sich Bürgermeister, zum Beispiel im Ruhrgebiet, größte Sorgen um ihre Legitimation. Wenn ein Drittel der Menschen in einer Stadt von vornherein nicht am politischen Prozess beteiligt wird, ist das auch für Machthaber beängstigend. Wissenschaftler sprechen seit geraumer Zeit von ›demokratiefreien Zonen‹, im Westen wohlgemerkt. Eine Folge der Ausgrenzungspolitik und der entsprechenden Einstellung.

Dass ein Spitzenpolitiker wie Hessens Ministerpräsident Roland Koch (CDU) sich nicht scheute, Anfang 2008, zum zweiten Mal binnen zehn Jahren, Wahlkampf auf dem Rücken der Zuwanderer zu betreiben, spricht Bände; wissend, dass Kriminalität milieubedingt ist und nichts mit Nationalität an sich zu tun hat, unter heftigem Beifall der rechtsextremen NPD. Koch sagte: »Wir haben zu viele kriminelle junge Ausländer.« Die Integrationspolitik sei in »multikultureller Verblendung« fehlgeschlagen. Entscheidend war aber, was er zwischen den Zeilen sagte beziehungsweise was jeder, der wollte, zwischen den Zeilen verstehen durfte: Ausländer sind kriminell.

Das beschreibt gut, wie politische Akteure »brutalstmöglich« ausgrenzen. Mit dem Vorschlag, kriminelle Jugendliche mit ausländischem Pass sofort abzuschieben, versucht man das Problem lediglich zu verdrängen. Denn diese Straftäter sind hier geboren, die Probleme sind hausgemacht, und die Abschiebeidee ist nur ein windiges Hintertürchen. Sich dann noch hinzustellen und öffentlich zu behaupten: »Ich bin sehr für Integration«, wie es Koch getan hat, das ist für Zuwanderer ungefähr so glaubwürdig wie für den Dalai Lama die Tibet-Politik Chinas.

Schade nur, dass solche Diskussionen häufig von den Lautsprechern mit ihren schnellen Lösungsideen beherrscht werden. Klaus-Dieter Kottnik, Präsident des Diakonischen Werks der Evangelischen Kirche in Deutschland, warnte »ausdrücklich davor, in Richtung Ausgrenzung, Stigmatisierung und gar Ausweisung junger Straftäter zu denken«. Wissenschaftliche Ergebnisse seien sorgfältig zu prüfen, »bevor eine ganze Bevölkerungsgruppe in Deutschland – die jugendlichen Menschen mit Migrationshintergrund – in pauschalisierender Weise diskreditiert werde«.

Die Stimmung im Land ist angespannt: Gemäß der Langzeituntersuchung *Deutsche Zustände* hatte 2001 jeder dritte Befragte Angst vor einer Überfremdung in Deutschland. 2006 war diese Angst stark gestiegen, das bestätigte jeder Zweite. Laut Eurobarometer meinen mehr als ein Viertel der Deutschen, dass Zuwanderer, die aus Nicht-EU-Staaten kommen – zum Beispiel aus der Türkei oder aus dem Iran –, abgeschoben werden sollten. Im Gegensatz zu den meisten EU-Staaten gibt es in Deutschland nur eine Minderheit von 45 Prozent, die meint, legal Zugewanderte sollten dieselben Rechte bekommen wie Deutsche. Nur knapp ein Drittel glaubt, Zuwanderer sollten einfacher als bisher deutsche Staatsbürger werden können.

Diese Zahlen sagen mir: Politik und Gesellschaft schaffen es in Deutschland immer noch nicht, eins in die Köpfe der Menschen zu bekommen: Deutschland hat viel weniger ein Ausländerproblem als ein Milieuproblem. Die studierte Gastarbeitertochter, die mit ihrer Firma zehn Arbeitsplätze schafft, ist kein »Problem«. Der Bundesligastar ausländischer Herkunft ist auch kein »Problem«. Problematisch sind aus deutscher Sicht vornehmlich die sozial schwachen Zuwanderer, weil sie mit sozial schwachen Deutschen am Ende der Leiter konkurrieren: um Arbeitsplätze, Aufmerksamkeit und Anerkennung. Dabei sind die sozial schwachen Zuwanderer den sozial schwachen Deutschen wesentlich näher als ihren studierten, gutverdienenden »Landsleuten«. Das kulturelle Band ist viel schwächer als das Band der sozioökonomischen Lebenswirklichkeit. Das soll nicht heißen, dass es unter den Migranten überhaupt keine nationalen Solidaritäten gibt. Diese sind aber eher abstrakt, der Alltag im eigenen Milieu konkret.

Die soziale Struktur Deutschlands ist vielfältiger, aber auch komplizierter geworden. Die Zeit der einfachen Wahrheiten, Deutsche hier – Ausländer da, sind vorbei.

Danke und tschüss: ab vierzig schwer vermittelbar

Auch die Ausgrenzung von Alten ist Teil unserer Gesellschaft geworden. Auf einschlägigen Internetseiten berichten ältere Menschen über alltägliche Diskriminierungen, die allein auf ihr Geburtsjahr zurückzuführen sind: Eine Bank drängt ihren langjährigen Kunden dazu, seinen Dispokredit voll auszuschöpfen, sonst würde er ihm aufgrund seines Alters wieder entzogen. Der Mann ist dreiundfünfzig. Versicherungen weigern sich immer wieder, mit alten Menschen Verträge abzuschließen. Und auf dem Arbeitsmarkt sind es nicht mehr allein die viel diskutierten Mittfünfziger, die keinen Job mehr finden. Die Misere hat sich in den vergangenen Jahren ausgedehnt – bereits Menschen mittleren Alters können ihre Lebensjahre zum Handicap werden.

Martina hat eine Ausbildung als Bauzeichnerin. Sie ist Diplom-Ingenieurin. Mathematik, Computer – diese Dinge liegen ihr, schon immer. Sie hat Auslandserfahrung, arbeitete lange in Mexiko, spricht fließend Spanisch. Doch Martina hat ein gewaltiges Problem: Sie ist siebenundvierzig. Genauer gesagt: Sie ist siebenundvierzig und »arbeitssuchend«. Seit vier Jahren.

Martina, die im richtigen Leben anders heißt, lebt in der Nähe einer deutschen Großstadt. Wir haben uns an einem sommerlich warmen Abend im ruhigen Innenhof eines Restaurants verabredet. Martina kommt mit ihrem Hund, einem Bodeguero, an der Leine und einer Mappe unterm Arm. Darin sind Stellenanzeigen, Zeugnisse, E-Mails. Martina sieht nett aus. Sie hat braune, schulterlange Haare, einen offenen Blick und eine Schwäche für sarkastische Bemerkungen.

»Vor drei Wochen hatte ich wieder einen Anflug von Größenwahn«, erzählt sie und lächelt bitter. Vor drei Wochen hat sie es wieder probiert. Vor drei Wochen hat sie sich die Samstagszeitung genommen, eine Schere, einen Stift und ein Lineal. Ihre Schwester hatte ihr Mut zugesprochen, gesagt, zur Zeit gebe es wieder viele Anzeigen, die zu ihrem Profil passten. Tatsächlich hat Martina neun Anzeigen gefunden. Sie hat sie mitgebracht. Sie schlägt ihre Mappe auf. Die Anzeigen kleben ordentlich nebeneinander. Die wichtigsten Textpassagen hat sie mit dem Lineal unterstrichen. Und sie hat wieder diese Anzeigen gesehen, die sie wahnsinnig wütend machen, seit sie vierzig ist.

»Sehen Sie hier, Sachbearbeiterin gesucht, bis maximal vierzig, hier: Mitarbeiterin gesucht, zwischen zwanzig und fünfunddreißig.« Natürlich ist das Diskriminierung, vielleicht, überlegt sie laut, könne sie dagegen klagen. Aber was soll das bringen? Martina will kein Gerichtsverfahren, sie will einen Arbeitsplatz.

Ab und zu spricht Martina die Worte aus wie eine Spanierin, sie sagt dann »Frustrassion« statt Frustration, eine kleine Reminiszenz an ihre Zeit im Ausland. Und wenn Martina aufgeregt wird, ringt sie etwas um die richtigen Worte. Sie will gute Sätze sagen. Scharfe Sätze. Geistreiche Sätze. Sätze wie diese: »Wenn die Chefs eine optisch ansprechende Sekretärin haben wollen, kann ich das ja verstehen. Aber wenn ich in ihrer Position wäre, hätte ich lieber ein Arbeitstier als ein nettes Schnuckelchen da sitzen. Schnuckelchen gibt es auch woanders.«

Ihr Sarkasmus, ihre Selbstironie – purer Selbstschutz. Martina fühlt sich ausgegrenzt. Seit Jahren schon. Aufgrund ihres Alters. Siebenundvierzig – und raus aus dem Arbeitsmarkt. »Mit siebenundzwanzig habe ich angefangen zu arbeiten. Jetzt bin ich siebenundvierzig. Und bis siebenundsechzig sollen wir doch arbeiten. Ich bin doch erst in der Mitte meines Berufslebens!«

So mag das eine motivierte, qualifizierte Frau sehen.

Beim Arbeitsamt haben sie Martina diesen Zahn schon vor Jahren gezogen. Eine Mitarbeiterin dort erklärte Martina ihr größtes Manko: »Sie sagte mir: Es ist leider so, dass wir Frauen ab vierzig als schwer vermittelbar führen. Das sage sie nicht offiziell, aber sie hat es mir gesagt. Das sei halt so.«

Vierzig und schwer vermittelbar. Da steht Martina, die Streberin, wie sie von sich sagt; eine nette Streberin, die abschreiben lasse. Eine, die sich von der Hauptschule bis zum Fachhochschuldiplom hochgekämpft hat, in einer Männerbranche. Schwer vermittelbar. Seitdem fühlt Martina sich wehrlos, ungeschützt. Sie deutet das mehrfach in unserem Gespräch an, wechselt dann aber das Thema. In anderen Ländern gebe es keine Unterstützung vom Staat, den Menschen gehe es viel schlechter als ihr. Sie hat sich offensichtlich vorgenommen, nicht zu jammern. Sie will sich nicht unterkriegen lassen. »Ich möchte nicht nur zu Hause vor dem Fernseher sitzen und irgendwelche dummen Talkshows ansehen. Da bin ich innerlich noch nicht bereit dafür. Dafür müssten sie mir erst beide Beine amputieren.«

Also versuchte Martina, ihr Glück zu erzwingen. In einem Jahr schrieb sie zweihundert Bewerbungen, durchforstete jedes Wochenende die Stellenanzeigen, wie besessen. Sie bekam zweihundert Absagen. Irgendwo auf dem Speicher lägen die noch. »Inzwischen bewerbe ich mich intervallmäßig. Damit ich mich seelisch nicht so frustriere.« Jede Absage, jede Ablehnung muss sie erst einmal verdauen. Sie muss sich wieder sammeln, ihr Selbstvertrauen finden, ihren Qualitäten und Qualifikationen neu vertrauen.

Vor drei Wochen war es also wieder so weit. Neun Bewerbungen hat sie abgeschickt – kein Standardanschreiben, sie formuliert ihre Bewerbungen immer wieder neu, bezogen auf die jeweilige Anzeige. Zwei Standardabsagen hat sie sofort bekommen, die anderen haben noch nicht geantwortet. Aber Martina ahnt, worauf es hinausläuft. Wer das liest, mag denken: Die Frau macht irgendetwas falsch. Das kann doch nicht sein. Die Wahrheit ist: Doch, es kann.

Martina hat Ende der siebziger Jahre die Hauptschule abgeschlossen. Nach einer Ausbildung zur Bauzeichnerin bei einem großen Unternehmen holte sie die Fachhochschulreife nach und studierte im Anschluss Bauingenieurwesen. Mit dem Diplom in der Tasche stieg sie Ende der Achtziger direkt in den Beruf ein, bei einem Landschaftsverband.

Nach einem Jahr bekam sie ein Stipendium für Berufsanfänger: zwölf Monate leben und arbeiten im Ausland. Eine gute Sache, dachte sich Martina, sie ging nach Mexiko, lernte Spanisch und arbeitete wie vorgesehen an einem Umweltinstitut als wissenschaftliche Mitarbeiterin.

Das Jahr verging, Martina blieb in Mexiko hängen, so wie neun der zehn Stipendiaten. Das Abenteuer reizte sie. Sie fand ihre große Liebe. Als Frau und dann noch Ausländerin auf mexikanischen Baustellen zu arbeiten war aber völlig ausgeschlossen. Martina nahm das nicht so schwer, sie hat keinen Standesdünkel als Diplom-Ingenieurin. Sie fand einen Job als Sachbearbeiterin, gab nebenher Deutschunterricht und war glücklich.

Nach fünf Jahren Mexiko kam sie Mitte der Neunziger zurück nach Deutschland, mit ihrem Mann. Bald hatte sie wieder Arbeit als Bauingenieurin. Fast zwei Jahre kümmerte sie sich um die Bauleitung, Bauüberwachung und -abrechnung einer Firma. Mit Ende dreißig bekam sie dann das erste Mal Schwierigkeiten, den Wiedereinstieg zu finden. Sie machte eine Fortbildung – und versuchte es gleichzeitig, wie in Mexiko, mit ihrem anderen Standbein als Sachbearbeiterin. Mit Erfolg. Ein knappes Jahr lang arbeitete sie in einer Elektronikfirma. Auftragsmangel zwang das Unternehmen, Martina wieder zu entlassen. In ihrem Zeugnis heißt es, sie habe »gewandt, schnell auffassend, sicher« gearbeitet, die Firma habe sie »als eine überdurchschnittliche Mitarbeiterin schätzen gelernt«.

Wegen ihrer hohen Ausbildung bot das Arbeitsamt ihr eine spezielle Weiterbildung an: In einem Jahr wurde sie zur SAP-Applikationsentwicklerin. Sie war die einzige Frau im Kurs und hatte mit die besten Noten, wie sie sagt. Doch als der Kurs zu Ende ging, stellte sie fest: Die Jüngeren haben alle schon einen Job. Sie musste neun Monate warten, ein Mann Mitte fünfzig, der wie sie zu den Besten gehörte, hatte selbst nach zwölf Monaten nichts gefunden. Bei Martina verfestigte sich der Eindruck, den viele in ähnlichen Situationen bekommen: Gute Leistungen und Qualifikationen scheinen weniger wert zu sein als das richtige Alter. »Da habe ich zum ersten Mal richtig gemerkt, dass das Alter bei der Arbeitssuche eine sehr entscheidende Rolle spielt. Das ist so, als wenn da stünde, wir wollen keinen Schwarzen und keine Rotblonde.«

Martina fühlte sich völlig auf ihr Alter reduziert. Mit einer Personalleiterin unterhielt sie sich, wie sie erzählt, »supertoll« am Telefon über eine ausgeschriebene Stelle – für Bewerber bis fünfunddreißig. Fast hätte man sie sogar zum Vorstellungsgespräch eingeladen. »Ich Dumme habe dann mein Alter gesagt, da wurde die auf der anderen Seite richtig cool. Das hätte sich damit erledigt.« Man wolle das Alter im Team nicht hochschrauben.

Martina bekam einen »richtigen Frustrationsanfall«, wie sie sagt – und schrieb einen Brandbrief: »Altersdiskriminierung auf dem Stellenmarkt«. »Es reicht mir! Erst vor ein paar Tagen habe ich mir am Telefon wieder anhören müssen, dass ich mit vierzig Jahren zu alt für das ›junge, dynamische Team‹ sei, in das ich mich bewerben wollte. Ich fühle mich weder alt noch verkalkt, und an Dynamik fehlt es mir auch nicht.« Sie berichtete, wie Firmen ihr am Telefon sagten, ältere Arbeitnehmer würden halt öfter krank. Sie fragte in dem Brief, ob »nur noch junge hübsche Menschen ein Recht auf Arbeit und Leben haben«. Den Brief schickte mit dem Mut der Verzweiflung an Politiker und an die Zentrale der Bundesagentur für Arbeit in Nürnberg. Letztere meldete sich tatsächlich bei ihr zurück. Sie solle sich auf der Internetseite der Agentur doch einmal die »Aktion 50+« für ältere Arbeitnehmer anschauen. Nur zur Erinnerung: Martina war damals vierzig. Die E-Mail hat sie aufgehoben, bis heute.

Sie bewarb sich wieder und immer wieder. Schließlich bekam sie einen projektbezogenen Job als SAP-Applikationsentwicklerin bei den Stadtwerken in ihrer Nähe. Nach zwei Jahren war das Projekt abgeschlossen. Die Stadtwerke brauchten Martina nicht mehr. Das Zeugnis: wieder gut. Martina aber wieder arbeitslos, wieder eine Fortbildung, selbständig, wieder arbeitslos. Schleichend ging es abwärts. Irgendwann war sie bei Hartz IV angekommen. Nebenbei ging auch noch ihre Ehe in die Brüche.

Die Verunsicherungen hatten sich angehäuft. Noch zehn Jahre zuvor hatte sie ein gutes Einkommen, fuhr regelmäßig in den Urlaub. Jetzt spart sie selbst an Kleidung und Möbeln. Der Hund, sagt sie, sei der letzte Luxus, den sie sich leiste. Um nicht tatenlos zu sein, begann Martina, ehrenamtlich für kirchliche Einrichtungen zu arbeiten, erst in einer katholischen, dann in einer evangelischen. Die katholische Einrichtung zahlte ihr 150 Euro Aufwandsentschädigung, »ein Appel und ein Ei«. Dafür war sie Mädchen für alles: Sie verwaltete die Computer, gab Kurse, kümmerte sich um die Internetseite, organisierte Veranstaltungen, betreute Gäste, übersetzte. Drei Jahre blieb sie dabei: »Ich habe dann auch schon mal gehofft: Das sieht einer, was du leistest, und kommt auf den Trichter, dass man die ehrenamtliche Tätigkeit ja auch umwandeln kann in eine feste Anstellung. Das war nicht so. Es gibt immer einen, der sich ausbeuten lässt. Und wenn das so ist, ist derjenige selber schuld. So ist das im Leben.«

Inzwischen hat sie ihr Engagement heruntergefahren. Sie gibt für 50 Euro im Monat einen Anfängerkurs am Computer, viermal drei Schulstunden. Word, Outlook, Internetrecherche. Ein Witz im Vergleich zu den umfangreichen EDV-Kenntnissen, die ihre Arbeitgeber ihr wiederholt bestätigt haben. Martina weiß das. Warum macht sie es dann? Martina, die Unbeugsame, wird ungewohnt still, als sie sagt: »Dieses Ehrenamtliche, das ist so ein bisschen wie eine Rechtfertigung, dass ich dieses Hartz IV nicht wie ein Parasit einfach mitnehme und nichts dafür tue … Dass ich irgendetwas zur Gesellschaft beitrage.«

In ihrem Lebenslauf verkaufe sie diese ehrenamtlichen Tätigkeiten als Vollzeitjob. Es sehe schon schlimm genug aus, wenn die Firmen sähen, dass sie schon siebenundvierzig sei. Noch schlimmer wäre es doch, wenn sie auch noch sehen würden, dass sie seit vier Jahren Hartz IV beziehe.

Martina ist aus dem Arbeitsmarkt gerutscht. Sie würde gerne zurück, dabei geht es ihr weniger um das Geld als um die Anerkennung. Sie ist sicher nicht die perfekte Bewerberin, die jeden Job haben könnte. Aber wer ist das schon? Sie will einfach dazugehören zu dieser Berufswelt, sie will morgens aus dem Haus gehen und abends wiederkommen mit dem Gefühl, etwas geschafft zu haben. Stattdessen sitzt sie viel zu Hause, vor dem PC.

Wahrscheinlich ist sie ab und zu sogar überqualifiziert. Wahrscheinlich ist nicht jede ihrer Bewerbungen passgenau. Vielleicht hat sie ihre Kontakte nicht so gut genutzt, wie sie das hätte tun können. Vielleicht war sie etwas zu lange in Mexiko, um als Bauingenieurin wieder richtig Fuß fassen zu können. Vielleicht hat sie nicht die richtigen Fortbildungen gemacht. Sicher hat sie begonnen, sich weit unter Wert zu verkaufen. Und sicher ist auch nicht jedes Mal ihr Alter der Grund, weshalb sie aus dem Bewerbungsverfahren ausscheidet. Es geht aber auch gar nicht darum, dass es jedes Mal Altersdiskriminierung ist, was Martina erlebt, sondern darum, was selbst nur einige solcher Altersdiskriminierungen verursachen können. Wie sogar qualifizierte, mutige Menschen dadurch nachhaltig ausgegrenzt und verletzt werden.

Wenn wir in Deutschland in den vergangenen Jahren gelernt haben, dass Flexibilität auf dem Arbeitsmarkt eine Tugend ist, dann müssen wir auch unregelmäßige Lebensläufe in Kauf nehmen. Martina hat Erfahrung, ist qualifiziert, motiviert und hat viele gute Beurteilungen vorzuweisen. Entgegen dem, was ihr die Dame beim Arbeitsamt sagte, war sie mit vierzig noch nicht schwer vermittelbar, doch dann wurde daraus ein Ausschluss mit Ansagen.

Und was hat Martina jetzt vor? Sie will noch einmal versuchen, sich selbständig zu machen, und Computerkurse geben. Außerdem hat sie sich vorgenommen, ihr altes Telefonbuch zur Hand zu nehmen. Klinkenputzen bei Freunden und Bekannten …

Nachdem ich Martina und ihren Hund bei ihr zu Hause abgesetzt habe, lasse ich das Gespräch mit dieser sympathischen, tapferen Frau Revue passieren – und frage mich: Wie viele Martinas gibt es da draußen?

III.

Hoffnung Integration: Warum wir mehr einbeziehen müssen

Integration – weil Ausgrenzung scheitert

Mit der Wende geriet die Ausgrenzung aus dem Tritt. Im Zuge der Wiedervereinigung hat der Westen den Osten praktisch übernommen, selbst die wenigen positiven Elemente des Spitzelstaats DDR wurden unter den Trümmern des real existierenden Sozialismus beerdigt. Die Gewinnerattitüde der Kalten Krieger im Westen, die herablassende Art, den »Ossis« zu begegnen, all das entfremdete die Menschen in den neuen Ländern schnell. Viele fühlten sich von ihren eigenen Landsleuten ausgeschlossen, bis heute sieht sich eine große Mehrheit der Ostdeutschen als Bürger zweiter Klasse im eigenen Land. Deutschland wurde wiedervereinigt, bestand nicht mehr aus zwei Staaten, aber weiter aus zwei Teilen. Jetzt zeigte sich, dass zumindest die Eliten im Westen zwar das Ideal Wiedervereinigung verfolgt hatten, eine stringente Identitätspolitik aber steckte nicht dahinter – und war auch gar nicht angestrebt. Stattdessen erzeugte die zunehmende Globalisierung enormen wirtschaftlichen Druck. Der Standort Deutschland hielt zwar unter Verlusten stand – Deutschland gehört bis heute zu den Gewinnern der Globalisierung. Doch viele Millionen Menschen erleben eine Welt, die nicht mehr verlässlich ist. Das soziale Klima hat sich seit den neunziger Jahren verschärft.

Außerdem zeigte sich nach dem umfangreichen Zuzug von Spätaussiedlern, der auf nachdrückliche Einladung des damaligen Kanzlers Helmut Kohl erfolgte, dass diese – mittlerweile 2,8 Millionen Menschen – den Ausländern in vielen Dingen näher waren als den Deutschen. Es fand eine weitere Einwanderungswelle in die Unterschicht statt, und die Zahl der Zuwanderer stieg auf die heute gezählten 15 Millionen an. Auf eine zahlenmäßig so starke Gruppe angewandt, zu der bald jeder Fünfte in Deutschland gehört, fällt Ausgrenzung viel stärker ins Gewicht, sei es kulturell oder durch die Belastung des Steuerzahlers mit Sozialtransfers. Ausgrenzungen und Selbstausgrenzungen verhindern sozialen Aufstieg und Integration. Die Ausgrenzungsspirale tut ihr Übriges.

Bundeskanzlerin Angela Merkel sagte in einer Grundsatzrede zu Integration und Bildung im Herbst 2007: »Angesichts der Herausforderungen, vor denen wir stehen, gilt: Wir können auf kein einziges Talent, auf keinen Menschen in unserer Gesellschaft verzichten.« Im Juni 2008 wurde sie noch deutlicher: »Ich halte das Thema Integration für ein wirkliches Schlüsselthema der Zukunftsfähigkeit Deutschlands.«

Rita Süssmuth, die frühere Bundestagspräsidentin, hat genau diese Position bereits vor ein paar Jahren vertreten, praktisch wortwörtlich. Damals drängten die Konservativen in der Partei sie noch an den Rand und kassierten die wichtigsten Ergebnisse der nach ihr benannten Zuwanderungskommission ein. Heute widerspricht niemand mehr bei den Christdemokraten – zumindest nicht laut.

Merkel begrub mit ihrer Rede, zumindest verbal, die sozioökonomische Ausgrenzung. Ob es sich um fromme Wünsche oder einen Paradigmenwechsel handelt, wird die Zeit zeigen. Wirklich zukunftsweisend wäre es, wenn die Kanzlerin und mit ihr die gesamte Politik Integration nicht nur in Bezug auf Zuwanderer verstehen würden, sondern in dem geschilderten weiteren Kontext.

Fest steht aber, dass die Große Koalition als erste Bundesregierung die Wahrheit zumindest erkannt hat: Prekarier, Migrantenkinder und all die anderen Ausgegrenzten sitzen nicht mehr auf der Tribüne oder der Auswechselbank. Mangels Alternativen stehen sie schon für Deutschland mit auf dem Spielfeld: Sie werden zu einem erheblichen Anteil in die Arbeitslosenversicherung einzahlen, in die Rentenversicherung, in die Pflegeversicherung – oder eben auch nicht, wenn sie nämlich dazu nicht in der Lage sein sollten. Gerade Deutschland mit seinen solidarischen Sozialsystemen kann wesentlich weniger Ausgegrenzte verkraften als zum Beispiel die USA.

In der Spitzenpolitik, in Wirtschaftsverbänden und in Gewerkschaften ebenso wie in Nichtregierungsorganisationen macht sich die Erkenntnis breit, dass wir uns ungenutzte Potentiale kaum leisten können, wollen wir unser gesamtgesellschaftliches Niveau halten. Mit dem Ende der Wohlstandsgesellschaft sinkt auch der Stern der Ausgrenzung. Plötzlich brauchen wir wieder alle. Auf jeden Fall wollen wir nicht, dass mehr Menschen als nötig von Sozialleistungen leben, schon gar nicht ihr ganzes Leben lang; aber genau das zeichnet sich für erschreckend viele junge Menschen ab. Der Bundeshaushalt 2008 sieht Ausgaben von 283 Milliarden Euro vor. Fast die Hälfte des Etats, 124 Milliarden Euro, steht dem Arbeits- und Sozialminister zur Verfügung.

Wie wir mit den Ausgegrenzten umgehen, wird ihre Leistung, die wir brauchen, entscheidend beeinflussen. Stigmata, Vorurteile und andere Formen der Ausgrenzung sind nicht nur für die Betroffenen, sondern auch für unser, für jedes Land eine Leistungsbremse sondergleichen.

Um dies zu beweisen, haben Wissenschaftler in Indien einen Test durchgeführt. Sie haben Kinder aus der höchsten und der untersten Kaste einen relativ einfachen Mathematiktest machen lassen. Beim ersten Versuch wurde die Kastenzugehörigkeit nicht thematisiert, die Kinder saßen gemischt. Das Ergebnis: Die Kinder aus beiden Kasten schlossen genau gleich ab.

Dann wurde in einem zweiten Experiment die Kastenzugehörigkeit betont, und die Kinder mussten sich dementsprechend getrennt hinsetzen. Während die Kinder der hohen Kaste dieselbe Leistung brachten, fiel die Leistung der Kinder der untersten Kaste dramatisch ab. Das ist die Wirkung von »social stereotyping«. Stigmata und Vorurteile tun nicht nur weh, sie wirken sich auch unmittelbar auf das Selbstwertgefühl und die Leistungen der Betroffenen aus. Denn Menschen verinnerlichen die ihnen zugedachte Herabwürdigung.

Es ist schon erstaunlich, wie Menschen in krassem Gegensatz zu dem hohen Ideal des Individualismus auch heute noch weniger nach ihren individuellen Fähigkeiten beurteilt werden als nach ihrer sozialen Herkunft, ihrer Hautfarbe, ihrem Alter, ihrem Geschlecht; nach Eigenschaften, auf die sie keinen Einfluss haben. Das führt zu besonders unfairer Ausgrenzung, zu Frustration und Rückzug.

Mehr und mehr setzt sich jedoch ein neueres Denken durch, das das Prinzip Ausgrenzung untergräbt. Es lässt sich (in Abgrenzung von Chancengleichheit) am besten mit Chancengerechtigkeit übersetzen. Der Staat muss Chancen gerecht verteilen und nicht hinterher die Ergebnisse angleichen. Je mehr der Staat dazu beiträgt, dass jeder Mensch (s)eine Chance bekommt, umso besser. Der Harvard-Professor und Nobelpreisträger Amartya Sen und die Philosophin Martha Craven Nussbaum sprechen vom »capability approach«. Eine gerechte Gesellschaft eröffnet ihren Mitgliedern Chancen, indem sie sie mit Fähigkeiten ausstattet und diese fördert.

Kritiker wie der Parteienforscher Franz Walter bemängeln, zur Chance gehöre auch das Scheitern. Jeder werde versuchen, sich einen Chancenvorsprung zu erarbeiten und diesen zu verteidigen. Solange sich die Gesellschaft nicht ändere, werde es weiter einen »gnadenlosen Ringkampf« um Status geben. »Wer in dieser individualisierten Schlacht durch rigide Chancennutzung nicht mithält, hat rundum verloren. Denn fortan gilt er als ›gerecht‹ gescheitert, weil er ja im fairen Chancenwettbewerb versagt hat«, schreibt Walter in der *tageszeitung*.

Walter hat insofern recht, als die Tätigkeiten des Staates nicht darauf reduziert werden dürfen, Chancen zu generieren. Jedoch halte ich das martialische Szenario für übertriebene Schwarzweißmalerei. Wenn ich die Wahl habe, halte ich es in der Tat für einen Fortschritt, gerecht zu scheitern, statt ungerecht zu scheitern. Was wäre denn die Alternative?

Und keiner sollte vergessen: Mehr Chancengerechtigkeit zuzulassen bedeutet für die bisher Privilegierten auch Macht- und Kontrollverlust.

Vielen passt es nicht, aber die Ausgrenzung hat auch eine ökonomische Seite. Für Zuwanderer in Deutschland gibt es dazu konkrete Untersuchungen. Bereits 1996 haben der Ökonom Dr. Hans Dietrich von Loeffelholz und der Politikwissenschaftler Dietrich Thränhardt als Erste in

Deutschland versucht, die »Kosten der Nicht-Integration von Ausländern« anhand einer makroökonomischen Modellrechnung einzuordnen. Nach einer vorsichtigen Schätzung der Autoren gingen jährlich 50 bis 80 Milliarden D-Mark an realer Wertschöpfung verloren. Das sind keine Peanuts. Ausgrenzung ist eine Geldvernichtungsmaschine. Bessere Integration hingegen eine zweifache Freude für den Staat: Erstens hat er bei erfolgreicher Integration weniger Sozialausgaben und zweitens mehr Steuereinnahmen und Sozialversicherungsbeiträge. Zwar diskutierten Wissenschaftler in der Folge kontrovers, wie die Nichtintegration genau zu berechnen sei und welchen Nutzen sie genau in welchem Zeitraum habe, aber letztlich stimmen die Wissenschaftler darin überein, dass Zuwanderer dem deutschen Staat mehr bringen, als sie kosten.

2002 stellte von Loeffelholz eine weitere Berechnung an und kam wie zuvor auf 20 bis 40 Milliarden Euro, die die Nichtintegration koste. Dem Fiskus entgingen demnach 3,5 bis 7,5 Milliarden Euro pro Jahr. (Diese Zahlen beziehen sich nur auf die tatsächlich ausländische Bevölkerung, nicht auf Eingebürgerte und Spätaussiedler; für Migranten insgesamt sind die entgangenen Einnahmen also höher anzusetzen.)

Die Bertelsmann Stiftung hat im Jahr 2008 ebenfalls die Kosten unzureichender Integration von Einwanderern berechnet. Es seien 16 Milliarden Euro an Einkommensteuern und Sozialversicherungsbeiträgen, die dem deutschen Staat jährlich entgingen. Die Ausgrenzung koste den Bund und die Länder jeweils 3,6 Milliarden Euro, die Kommunen 1,3 Milliarden und die Sozialversicherungen 7,8 Milliarden Euro.

Die verschiedenen Berechnungsgrundlagen dieser Studien führen zu sehr unterschiedlichen Ergebnissen. Aber Fakt ist: Die Ausgrenzung kostet Deutschland Jahr für Jahr viele Milliarden Euro, allein bei den Zuwanderern. Über die Jahre, so lässt sich vermuten, hätten die potentiellen Mehreinnahmen vielleicht auch eine Steuersenkung nach sich gezogen oder zumindest eine Steuererhöhung verhindert – zum Wohle aller Steuer- und Beitragszahler in Deutschland.

Hätte, wenn und aber. In seinem 2007 veröffentlichten Aufsatz »Ökonomische Ressourcen von Migration und Integration« kommt von Loeffelholz, der inzwischen für das Bundesamt für Migration und Flüchtlinge tätig ist, trotz Aufschwungs zu folgendem Schluss: »Gleichwohl deuten zum Beispiel die überproportional hohe und gerade in den vergangenen Jahren noch spürbar gestiegene Arbeitslosenquote von Ausländern, aber auch die von sonstigen Personen mit Migrationshintergrund, so von (Spät-)Aussiedlern in Deutschland, darauf hin, dass hier erhebliche wirtschaftliche und gesellschaftliche Ressourcen bestehen, deren Vernachlässigung spürbare Kosten und Nachteile für das Land impliziert.«

Nichts liegt mir ferner, als Zuwanderer darauf zu reduzieren, Rechengrößen in volkswirtschaftlichen Formeln zu sein. Wir müssen nur begreifen: Ausgrenzung tut allen weh.

Die Ausgrenzung scheitert schließlich auch, weil verschiedene Gruppen sie zuletzt häufiger überwunden haben. Die erfolgreiche rechtliche Emanzipation der Homosexuellen – bis hin zur Anerkennung der »Homo-Ehe« – ist ein Beispiel, in Politik und Gesellschaft gleichermaßen unterstützt durch bekennende Homosexuelle wie Klaus Wowereit, Guido Westerwelle oder Anne Will. Hier wird deutlich, dass die Diskriminierten inzwischen häufig eine stärkere Lobby haben als früher. Ob es die Linkspartei ist, die Sozialverbände, Kirchen oder Interessenvertretungen – die Ausgegrenzten lassen sich politisch meist nicht mehr so leicht übergehen wie noch vor zwei Jahrzehnten.

Fazit: Der Niedergang der Ausgrenzung vollzieht sich unterschiedlich schnell. Aber er vollzieht sich.

Die Erblasten der Ausgrenzung

Ausgrenzungsmechanismen verlieren zwar an Boden, aber ihre Wirkkraft ist nach wie vor sehr hoch – und potenziert sich durch die Ausgrenzungsspirale. Die Ausgrenzung richtet einen irrsinnigen Schaden an, individuell, kollektiv, ökonomisch – in jeder Hinsicht. Man muss wahrlich kein Prophet sein, um zu dem Schluss zu kommen: Wir werden diese Rechnung noch verdammt lange und verdammt teuer bezahlen.

Aber ich muss gar nicht über die Zukunft spekulieren. Die Zukunft ist jetzt. Zumindest dann, wenn wir auf unsere Jüngsten schauen: Kinder und Jugendliche. So wie wir mit ihnen umgehen, gehen wir mit der Zukunft unseres Landes um, so wie es ihnen geht, wird es auch uns ergehen. An ihren Einstellungen, ihren Chancen und Selbsteinschätzungen lassen sich die Folgen der Ausgrenzung ablesen. Wiederholt haben in der jüngsten Zeit Minderjährige als Berufswunsch »Hartz IV« angegeben. Hauptschüler bezeichneten sich selbst »als letzten Dreck«. Das sind nur Schlaglichter auf die Wirklichkeit. Fest steht: Kinder und Jugendlichen sitzen am tiefsten in der Ausgrenzungsfalle, obwohl sie am wenigsten dafür können. Die Ausgrenzung hat sich ausgerechnet bei den Verletzlichsten im Land verdichtet..

In Deutschland sind 2,6 Millionen Kinder und Jugendliche unter achtzehn arm, besagt ein aktueller Bericht von Unicef, dem Kinderhilfswerk der Vereinten Nationen. Das ist jedes sechste Kind. Das sei eine Verdopplung innerhalb von wenigen Jahren, so der Kinderschutzbund. Im internationalen Vergleich fiel Deutschland in Sachen Kinderarmut im Zeitraum 1990 bis 2007 auf Platz achtzehn ab.

Für arme Kinder in Deutschland geht es natürlich nicht um das blanke Überleben wie für viele Kinder in den »wirklichen« Krisengebieten unserer Welt. Die Kinder sind für deutsche Verhältnisse arm. Das heißt, ihre Lebenschancen in diesem an sich reichen Industrieland werden massiv eingeschränkt. Zur Chancenarmut gesellen sich Perspektivenarmut und Bildungsarmut. Die Stimmung in Hartz-IV-Familien ist häufig schwierig und wenig förderlich für Kinder. Sie bekommen weniger Rückhalt. Die Ernährung ist schlecht, darunter leiden die Gesundheit und Leistungsfähigkeit. Studien belegen, dass sich Armut in Deutschland praktisch vererbt. Und die Ausweglosigkeit ihrer Situation ist den meisten Kindern schon sehr früh bewusst.

In der Studie *Kinder in Deutschland 2007* des Kinderhilfswerks World Vision wurden dazu 1600 Kinder zwischen acht und elf Jahren befragt. Schon Kinder in diesem Alter nehmen soziale Unterschiede sehr deutlich wahr. Kinder aus der sogenannten Unterschicht sehen für sich schlechtere Chancen im Leben. Bereits Achtjährige, also Zweitklässler, brachten zum Ausdruck, dass sie sich für den Rest ihres Lebens benachteiligt fühlen. Im vorauseilenden Gehorsam streben Kinder aus sozial schwachen Familien von sich aus niedrigere Schulabschlüsse an. Nur 20 Prozent der Kinder aus der Unterschicht können sich vorstellen, die Schule mit Abitur zu verlassen.

Der Soziologe Michael Hartmann bestätigt die Eindrücke der Kinder ohne Umschweife, wenn er in einem Interview sagt: »Kinder, die in Familien aufwachsen, die Hartz IV bekommen oder seit zwei Generationen nicht mehr regelmäßig beschäftigt sind, haben so gut wie keine Chancen, sie sind die geborenen Verlierer.« Das ist eine Schande. Ich schreibe das ohne moralischen Unterton. Es ist eine Feststellung.

Armut ist nicht gleich Armut in Deutschland. In manchen Bundesländern ist die Situation deutlich besser als in anderen. Der Sozialbericht 2007 der nordrhein-westfälischen Landesregierung förderte erschreckende Zahlen zu Tage: Im bevölkerungsreichsten Bundesland gelten mehr als 800 000 Kinder als arm, das ist jedes vierte Kind. Damit liegt Nordrhein-Westfalen voll im Trend. Bei Kindern unter fünfzehn Jahren stieg das Risiko, relativ arm zu sein, von 16 Prozent im Jahr 1998 auf 25 Prozent im Jahr 2005. Ein trauriger Rekordwert.

Bei den etwas älteren, den Sechzehn- bis Vierundzwanzigjährigen, erreicht die Armutsquote 2008 laut Armutsbericht der Bundesregierung sogar 28,3 Prozent. Anders ausgedrückt: Jeder Vierte unter fünfundzwanzig ist relativ arm. Tendenz steigend. Die eklatanten Schwächen im Schulsystem, die Hürden für viele Jugendliche beim Einstieg in die Ausbildungs- und Berufswelt, die familiäre Bildungsferne – all das summiert sich zu einem lebenslangen Armutsrisiko. Und Deutschland ist, trotz Aufschwungs und sinkender Arbeitslosenzahlen, weit davon entfernt, die Ausgrenzung erheblicher Teile der jüngeren Generation zu mildern oder aufzufangen. Das wäre aber dringend geboten. Nicht nur wegen unserer Grundsätze, sondern auch aus ökonomischen Zwängen.

In der globalisierten Wirtschaft können Unternehmen einfache Arbeiten fernab von Deutschland wesentlich günstiger einkaufen als hierzulande. Den Gesetzen des Marktes entsprechend tun sie das auch. Daraus folgt, dass in Deutschland nur gut- und hochqualifizierte Arbeitnehmer die Chance auf einen halbwegs sicheren Arbeitsplatz haben. Doch hier machen sich die Folgen der Ausgrenzung im Bildungssektor bemerkbar: Bei der Quote der Hochschulabsolventen sackte Deutschland innerhalb von dreißig Jahren deutlich ab, von Platz 10 auf Platz 22. Zu dem Ergebnis kommt die OECD-Vergleichsstudie »Bildung auf einen Blick 2007«, die dreißig Industrienationen unter die Lupe nahm.

Die wichtigsten Zahlen und Entwicklungen im Hochschulbereich:

- Der Anteil der Studierenden wuchs in Deutschland um 5 Prozent, in den anderen Ländern um durchschnittlich 41 Prozent.

- Im OECD-Schnitt streben 57 Prozent der Fünfzehnjährigen ein Studium an, in Deutschland sind es nur 21 Prozent.
- Mehr als die Hälfte eines Jahrgangs beginnt im OECD-Schnitt ein Studium, in Deutschland sind es 35 Prozent, mit fallender Tendenz.
- In Deutschland schaffen nur 20 Prozent eines Jahrgangs einen akademischen Abschluss, das Mittel liegt bei 36 Prozent.

Fazit: Deutschland zehrt noch von seinem relativ hohen Anfangsniveau, aber offensichtlich passen sich andere Industrieländer schneller den Bedingungen der globalisierten Wirtschaft an.

Noch einmal zurück zu den Jugendlichen: Die materielle Armut ihrer Familien ist zum Teil gravierend, doch ihre Ängste und Verunsicherungen reichen weit über ihre materielle Situation hinaus. Viele Kinder und Jugendliche leiden unter massiver Zukunftsangst, und die Sorge, keinen Arbeitsplatz zu finden, ist immens. Diese Ängste betreffen keineswegs nur die Kinder aus sozial schwachen Familien. So hatten laut »Shell Jugendstudie 2006« zwei Drittel (!) der Jugendlichen Angst davor, keinen Arbeitsplatz zu finden.

Die große Mehrheit der Jugendlichen in Deutschland wird also mit massiven Existenzängsten groß, was wiederum Ausgrenzungsmechanismen fördert. Nur ein Beispiel: Wegen der eigenen Zukunftsängste sprach sich ein Drittel der Befragten gegen mehr Zuwanderung aus.

Darüber hinaus hat der Jugendforscher Klaus Hurrelmann festgestellt, dass in Deutschland 40 Prozent der Jugendlichen das Gefühl haben, nicht mithalten zu können. Die eine Hälfte von ihnen ziehe sich zurück, die andere gebe auf – und werde im schlimmsten Fall kriminell. Vier von zehn Jugendlichen fühlen sich abgehängt, resignieren auf die eine oder andere Weise. Sie haben zwar ihr Leben noch vor sich, aber sehen keine Perspektive.

Bei aller Vorsicht im Umgang mit solchen Ergebnissen verdichtet sich doch ein trübes, fast verstörendes Bild. Noch reden viele aufgeregt von der sogenannten Zweidrittelgesellschaft. Das meint: Zwei Drittel der Menschen haben einen Arbeitsplatz, während ein Drittel langfristig keine oder nicht ausreichend Arbeit hat, um den Lebensunterhalt ohne staatliche oder sonstige Hilfe zu meistern. Dieses untere Drittel kann wirtschaftlich, sozial, kulturell und auch politisch kaum etwas beitragen beziehungsweise kaum an etwas teilhaben. Nehmen wir jetzt die letztgenannten Daten – zwei von drei Jugendlichen haben Angst vor Arbeitslosigkeit, vier von zehn Jugendlichen fühlen sich ohnehin abgehängt –, zeichnet sich eine Verschlechterung ab, die sich aufgrund der demographischen Entwicklung weiter verschärfen könnte: Der Anteil der sozial schwachen Kinder, nicht zuletzt aus Zuwandererfamilien, wird in Zukunft noch steigen. Die Zahl der Arbeitsplätze aber für Gering- und Nichtqualifizierte in Deutschland wird sinken, solange Unternehmen in aufstrebenden Ländern wie China oder Indien produzieren lassen, wo Gering- und Nichtqualifizierte für Kleinstlöhne dieselbe Leistung erbringen. Gleichzeitig wird das obere Drittel der Gesellschaft immer besser ausgebildet und qualifiziert sein.

Die Schere geht auseinander, eine wahre »Chancenkluft« tut sich auf: Auf der einen Seite sammeln sich die früh geförderten Kinder aus bildungsstarken und finanziell abgesicherten Familien. Auf der anderen Seite stehen die chancenlosen, früh aussortierten Kinder, deren Leben von Mangel und Ausgrenzung bestimmt wird. Auch diese Tendenz können wir heute schon unschwer erkennen.

Wenn dieses Auseinanderdriften nicht schnell und effizient eingedämmt wird, produzieren wir weiter eine verlorene Generation. Dann reden wir demnächst nicht mehr nur über die Zweidrittelgesellschaft, sondern müssen uns eingestehen, dass wir auf dem Weg zur *Ein*-Drittel-Gesellschaft sind.

Integration: der mühsame Weg in die Zukunft

Lange Zeit hatte die Integration das Nachsehen in Deutschland. Der letzte große, erfolgreiche Integrationsakt war wohl die Initiative »Bildung für alle« Ende der sechziger, Anfang der siebziger Jahre. Mit ihr ermöglichte man auch Kindern aus unteren Gesellschaftsschichten den Weg aufs Gymnasium und an die Universitäten. Von diesem Quantensprung in der Bildung hat Deutschland lange profitiert. Dann aber verlor die Initiative an Schwung und verschwand von der Bildfläche.

Erst in den vergangenen zehn Jahren, mit Beginn der rot-grünen Regierung und der nachfolgenden Großen Koalition ist Bewegung in die verkrusteten Strukturen Deutschlands gekommen. Strukturen, durch die – wie beim Schulsystem – Ausgrenzung gefördert und gestärkt wurde. Der Schock der PISA-Ergebnisse trug entscheidend dazu bei, diese Strukturen im Bildungssektor sichtbar zu machen und das System zu erschüttern.

Der Aufstieg der Integration allerdings verläuft keinesfalls kometenhaft. Noch vor wenigen Jahren wurde die Diskussion um Ausgrenzung und Integration ernsthaft lediglich von den Grünen und, wenn überhaupt, an den Rändern der Volksparteien geführt. Heute sind die Themen in den Fokus der politischen Spitzen gerückt, Integrationsfragen wurden zur Chefsache erklärt. Der Druck durch den Wahlerfolg der Linkspartei hat das Seinige dazu beigetragen.

Die Entscheider haben sich der Thematik angenommen. Das sind Leute, die die einzelnen Ressortthemen in der Draufsicht betrachten, sie abwägen nach politischem Profil und Profit, nach Wirtschafts- und Machtinteressen, nach Staatsräson. Dass Angela Merkel die Integrationsbeauftragte zur Staatsministerin im Bundeskanzleramt erhob, war ein Ausrufezeichen in dieser Richtung. Solche Symbolpolitik einer CDU-Kanzlerin ist nicht zu unterschätzen. Zudem soll es demnächst ein sogenanntes Integrations-Monitoring geben. Die Regierung will wissen, welche Integrationsmaßnahmen effizient und welche ineffizient sind. Die Staatsministerin für Integration, Maria Böhmer (CDU), erklärte, bisher sei das »im Blindflug« geschehen. Und der Parlamentarische Staatssekretär im Innenministerium, Peter Altmeier (CDU), sagte unumwunden: »Das Fehlen von Indikatoren zur Integrationsmessung steht Pars pro Toto für das Versagen des Staates und der Politik der letzten zwanzig Jahre.«

Die offene Selbstkritik ist ehrenwert – und vollauf berechtigt. Gerade CDU und SPD haben unglaubliche Fehler begangen. Jetzt handeln die Mächtigen aus Einsicht in die Notwendigkeit. Das gibt der Integration von Migranten, aber auch der Integration insgesamt das nötige Momentum.

Das Kind bekommt auch schon einen großen Namen beziehungsweise genauer gesagt zwei, wie es sich für eine Koalition gehört: Die SPD erklärt in ihrem erneuerten Programm die »solidarische Bürgergesellschaft« zu ihrem Ziel. Die Bürger sollen Politik aktiv mitgestalten und nicht nur alle vier Jahre ein Kreuzchen machen. Sie sollen Widerstand gegen Gewalt, Diskriminierung und Ausgrenzung leisten.

Und die CDU stellt ín ihrem neuen Parteiprogramm den Begriff »Chancengesellschaft« in den Mittelpunkt. »Wir stehen dafür, dass die Menschen in unserem Land die Chance haben auf persönliche Entfaltung, auf Bildung, auf Arbeit, auf Teilhabe«, sagt Generalsekretär Ronald Pofalla.

Das eine wie das andere sind vorerst wohltönende Absichtserklärungen; wie ernst es den Parteien ist, wird sich daran erweisen, was sie dafür tun.

Immerhin aber scheint sich der Grundgedanke durchzusetzen, dass der Staat übergeordnete Ziele wie Wohlstand, Wirtschaftswachstum und sozialen Frieden nur noch dadurch erreichen kann, indem er möglichst viele in die entsprechenden Prozesse mit einbezieht, statt die Ausgegrenzten erst zu vernachlässigen, um sie dann durch teure Programme wieder halbwegs aufzufangen, die aber nichts an ihrer emotionalen Ausgrenzung ändern.

Gruppen in scharfe Konkurrenz zueinander zu setzen oder Abwertungen im freien Spiel der Kräfte zuzulassen ist offenbar häufig nicht mehr das Mittel der Wahl. Konflikte lassen sich besser bewältigen, wenn allen klar wird, dass das gewünschte Ziel – Wohlstand – nur gemeinsam zu erreichen ist.

Doch dass das Prinzip Ausgrenzung gescheitert ist, heißt nicht automatisch, dass das Prinzip Integration Erfolg haben muss. Es ist noch bei weitem zu früh für ein Urteil. Auffällig ist nur, dass Ausgrenzung immer erst dann scheitert, wenn ihre Auswirkungen auf das gesamte Gemeinwohl und die Profiteure der Ausgrenzung zurückschlägt – und das vor allem wirtschaftlich.

Jahrzehntelang konnten Argumente von Sozialdemokraten, Grünen und phasenweise den Liberalen der Ausgrenzung kaum Einhalt gebieten und ein breites Integrationsdenken nicht entscheidend befördern. Humanismus, Anerkennungskultur? It's the economy, stupid. Der gute alte Wahlslogan Bill Clintons trifft auch hier zu. Nur harte Fakten bewegen zum Umdenken. Und harte Fakten, das heißt am Ende Geld und Einfluss. Das ist wahrscheinlich die einzige Währung, die die entscheidenden Leute verstehen.

Der Soziologe und Gewaltforscher Wilhelm Heitmeyer kritisiert, dass Menschen nur noch nach ökonomischen Gesichtspunkten bewertet und beurteilt würden, ungeachtet des Werts und der Würde eines jeden. Menschen würden auf ihren rein wirtschaftlichen Nutzen reduziert. Das Soziale werde ökonomisiert. Deutschland werde zur Marktgesellschaft. Im Grundsatz hat Heitmeyer recht. Als »Integrationsrealo« setze ich dem jedoch entgegen, dass durch Integrationsanstrengungen zwangsläufig ein gesellschaftlicher Wandel entsteht, der dem grundsätzlichen Anliegen der allgemeinen Menschenwürde zugutekommt. Für alle, die für die Menschenwürde nicht nur aus der Defensive kämpfen wollen, scheint mir das der erfolgversprechendste Weg zu sein.

Wir haben eine Pluralisierung der Gesellschaft, aber keine Pluralisierung der Normen. Die Menschen haben kein Handwerkszeug bekommen oder sich erarbeiten können, um mit Vielfalt in den unterschiedlichsten Bereichen besser umzugehen. Gegenseitiger Respekt und Solidarität fallen nicht vom Himmel. Vieles bleibt fremd, wird im Schutzreflex abgelehnt, ausgegrenzt.

Für Deutschland wird es ein sehr mühsamer Weg in die Zukunft. Es gilt überkommene Strukturen, eingefahrene Ausgrenzungsmechanismen und die negative Grundstimmung zu überwinden, damit der heftig bröckelnde Zusammenhalt wieder gestärkt werden kann.

Wir müssen lernen, integrativ zu sein. Das heißt, andere einzugliedern und einzubeziehen, statt auszugrenzen. Es gibt durchaus Beispiele dafür, wie Integration funktionieren und gelingen kann.

Gewaltfrei lernen

»Nehmt mal die Hände hoch wie ein Frosch!«, ruft Sibylle Wanders, und sechsundvierzig Kinderhände schnellen hoch. Die Drittklässler hocken im Kreis um sie herum in der Sporthalle. Sie sind mucksmäuschenstill und folgen ihr gebannt. Sibylle Wanders ist Diplom-Sportlehrerin, vierzig Jahre alt, schlank, groß, blond; als Juniorin war sie Deutsche Meisterin im Judo. Jetzt kontrolliert sie mit einem routinierten Blick die Haltung der Kinder, die konzentriert die Arme gebeugt vor sich halten, um dann mit ihrer durchdringenden, souveränen Stimme die nächste Anweisung zu geben. »Und jetzt lasst euch auf die Hände und die Unterarme fallen. Nicht vergessen, immer den Kopf hoch!« Dreiundzwanzig Kinder fallen auf Hände und Unterarme und, na ja, einundzwanzig nehmen auch den Kopf hoch. Die anderen korrigiert Wanders präzise, aber unaufgeregt. Und wiederholt: Stopphand. Kopf hoch. Später mit der Lehrerin üben.

Die Lehrerin, Margret Mertens, sitzt neben mir auf einer Holzbank am Rand, nickt und macht sich auf ihrem kleinen weißen Zettel eine Notiz. Und schaut dann wieder zu. Denn das hier ist die Stunde von Sibylle Wanders. In der Sporthalle der Grundschule Ernstbergstraße in Blumenberg, im Nordosten Kölns, am Rande der Großstadt, wo es ländlich, ruhig und grün ist, unterrichtet Wanders ein Fach, das es eigentlich gar nicht gibt, zumindest nicht, wenn es nach dem offiziellen Lehrplan ginge: »Gewaltfrei lernen«. Kinder lernen hier, richtig zu fallen, wenn sie zu Boden gestoßen werden. In Partnerspielen lernen sie, sich gegenseitig zu helfen. Sie lernen, sich mit Worten zu wehren, wenn sie angemacht oder beleidigt werden, sie üben, dem Angreifer richtig in die Augen zu sehen und nicht eingeschüchtert wegzuschauen. Sie lernen, ihre eigenen Gefühle wahrzunehmen – Wut, Trauer – und diese auch zu benennen. Sie lernen, Streit zu schlichten und Grifflösetechniken für Rangeleien. Sie lernen Merksätze, damit sie nicht wortlos sind, wenn es darauf ankommt. Vor allem lernen sie, sich gegenseitig zu achten. Sie lernen Regeln, Schritt für Schritt. Erste Stunde: kein Treten. Zweite Stunde: keine Würgegriffe. Jede Klasse hat sechs Stunden bei Sibylle Wanders. Dann übernehmen die »normalen« Lehrer wieder, die Wanders ebenfalls schult. Nicht zu vergessen die Eltern, die zu Hause das Gelernte wiederholen und fördern sollen.

»Mit Gewalt richtig umgehen«, »Ausgrenzung bekämpfen«, »Respekt und Toleranz fördern« – im persönlichen Gespräch spricht Wanders schnell und intensiv. Nach einigen Minuten mit ihr ist mir klar: Sibylle Wanders scheut weder die großen Worte wie Respekt oder Toleranz noch eine gehörige Portion Idealismus. Im Gegenteil, genau diese Dinge stehen für sie im Mittelpunkt ihrer Arbeit. Sie sagt Sätze wie: »Alles ist eine Frage des Umgangs miteinander. Die Kinder sollen ein Gefühl für Fairness bekommen, für Gerechtigkeit, für unser Rechtsempfinden, da kommen dann natürlich moralische Impulse hinzu. Sie sollen aber auch lernen, wie sie gewaltfrei Probleme lösen können, nämlich durch Kommunikation.«

Das mag banal klingen, ist es aber nicht. All das könnten die üblichen Worthülsen sein, wenn diese Frau nicht eine Praktikerin wäre, eine Macherin. Diese Frau hat eine Mission.

Früher als andere hat sie die Schwierigkeiten erkannt, vor zehn Jahren, als Themen wie Jugendgewalt, Mobbing unter Klassenkameraden oder amoklaufende Schüler noch kaum eine Rolle in der öffentlichen Wahrnehmung spielten. Schon damals beobachtete Wanders, dass Sechs- und Siebenjährige mit erheblichen Aggressionen in die

Grundschule kamen und Mobbing durchaus in der zweiten Klasse losging, bei Acht- und Neunjährigen. Rund die Hälfte der Kinder erlebte Gewalt am eigenen Leib. Sie wollte etwas dagegen tun. Das Schlimmste ist für sie die Ausgrenzung von Kindern. Dabei geht es nach ihrer Beobachtung bei jüngeren Schulkindern mehr um Macht, darum, wer der Anführer ist, und weniger um Kultur oder Herkunft.

Hauptsächlich arbeitet sie an Grundschulen wie an diesem Tag in Blumenberg, mitunter aber auch an weiterführenden Schulen, mit Jugendlichen. Für Wanders ist klar: Je früher man mit der Gewaltprävention beginnt, desto nachhaltiger und wirkungsvoller ist sie. In jungen Jahren seien die Kinder noch besonders prägbar. »Wir nehmen jetzt auch die Vorschüler mit dazu, die Fünfjährigen, denn viele Lehrer und Betreuer an offenen Ganztagsschulen haben ein Problem mit den Vorschülern, die keine Impulskontrolle haben, keine Empathie, die noch nie über Gefühle gesprochen haben, noch nie mit Eltern oder Nachbarskindern Streitfälle gelöst haben, indem sie darüber redeten. Kinder, die nur schlagen, treten, schubsen als erste Maßnahme kennen.« Und auch im Kindergarten, bei Drei- und Vierjährigen könne man schon mit der Gewaltprävention ansetzen.

Jetzt lässt Wanders jeweils zwei Jungs auf einer Matte kämpfen. Wer den anderen zuerst von der Matte geschubst hat, hat gewonnen. Die Kinder kreischen, die Gewinner werden bejubelt. Gerade die Jungs sollen ihre eigene Kraft kennenlernen. Sie sollen auch mit Sieg und Niederlage vernünftig umgehen. »Die Wut, wenn ihr verloren habt, die könnt ihr runterschlucken wie Spucke.

Probiert das mal«, ruft Wanders den Verlierern zu. Die Kinder probieren es und nicken dann langsam. Eine andere Übung nennt Wanders »Schaufensterpuppe«. Ein Kind stellt ein anderes Kind so hin, wie es möchte. Dabei sollen die Kleinen sanft und behutsam miteinander umgehen. Sie sollen erleben, wie viel Kraft sie einsetzen müssen, um den anderen zu bewegen. Wanders, die auch Tanzpädagogin ist, schwört auf bewegtes Lernen. Selbst Sozialverhalten würden Kinder besser lernen, wenn sie sich dabei bewegen und aktiv sind, als wenn sie einfach auf der Schulbank sitzen.

Viele Jahre ist Wanders fast nur in bessere Schulen gegangen, in die besseren Stadtteile Kölns. Dort, wo kaum Gewalt stattfindet, aber die Angst davor besonders groß ist. Dort gibt es Fördervereine oder Eltern, die bereit sind, für solche Kurse 20 Euro zu zahlen. Dass aber gerade die Kinder an »Brennpunktschulen« solche Kurse benötigen, daran hat Wanders nie gezweifelt. Doch die Rektoren breiten häufig ohnmächtig die Arme aus. »Es ist ja überhaupt nicht daran zu denken, dass die Eltern das bei uns bezahlen können. Wir haben ja schon ein Problem, wenn die Eltern 3 Euro für eine Busfahrt mitgeben sollen. Dann klappt das ja bei einem Drittel der Kinder schon nicht, weil das Geld einfach nicht da ist zu Hause.«

So hat es auch Oliver Henneke erlebt, der Partner von Sibylle Wanders. Sie hat ihn angesteckt mit ihrer Überzeugung, nicht nur etwas zu tun, das Spaß macht, sondern etwas, das wichtig ist für die Gesellschaft. Er ist extra in die Halle gekommen, um vom Förderverein zu erzählen, der im November 2007 gegründet wurde. Für den Marketingmann war klar: Wenn die Kinder, die am ehesten »gewaltfrei lernen« lernen sollten, nicht ausreichend Mittel dafür haben, dann muss das Geld eben woanders herkommen. »Wir können nicht immer nach dem Staat rufen. Wir wissen, dass der leere Taschen hat. Dann rufen wir in fünf Jahren immer noch und in fünfzehn Jahren wahrscheinlich noch lauter – und es ist immer noch nichts passiert.« Wer etwas bewegen will, darf nicht auf den Staat warten.

Henneke, Wanders und sechs weitere Mitstreiter gründeten den Verein »Gewaltfrei Lernen«. Das Ziel: Geld von der Industrie und von Privatpersonen zu sammeln, um die Kurse auch an Schulen in sozial schwachen Gebieten durchführen zu können. Innerhalb kürzester Zeit stieg eine Immobilien AG ein und finanzierte das Training an zwei Schulen, darunter das in Blumenberg. Außerdem ist ein größeres Förderprogramm auf »Gewaltfrei Lernen« aufmerksam geworden. Eine Kölner Bürgermeisterin ist als Patin mit im Boot. Das Schulamt machte eine formlose Anfrage bei weiteren Grundschulen im Einzugsgebiet: Welche Schule hätte Interesse an solch einem Training, aber einfach nicht die finanziellen Mittel dazu? Auf Anhieb meldeten sich über dreißig Grundschulen.

Für Henneke ist das nur die Spitze des Eisbergs. »Es gibt leider Gottes einen großen Bedarf, der bei über zweihundert Grundschulen in Köln bestimmt nicht bei dreißig aufhört, der sich wahrscheinlich eher auf fünfzig, vielleicht sogar über hundert Schulen belaufen wird.« Da könnte der Erfolg des Vereins schnell zu einem Problem werden: »Gewaltfrei Lernen« hat bisher nur eine Fachkraft: Sibylle Wanders.

Die zeigt der Klasse gerade, wie Streitschlichtung funktioniert. Wer stört, bekommt von ihr schnell einen vor den Bug geschossen. »Setz dich gerade hin, sonst schläfst du gleich ein.« – »Hör auf, mit dem Klettverschluss zu spielen, das stört.«

Streitschlichter, die können nur zum Einsatz kommen, erklärt Wanders, wenn die Streithähne sich überhaupt wieder vertragen wollen. Sie macht zunächst ein Rollenspiel mit zwei Kindern. Dann stellt sie ihr Sechspunkteprogramm vor, das die Schlichter abarbeiten müssen. Was ist das Problem? Welches Gefühl hast du jetzt deswegen? Was ist dein Wunsch? Was bietest du an, damit ihr euch wieder vertragt? Der Streitschlichter fasst zusammen, beide unterschreiben einen Vertrag und geben sich die Hände. Und wie sie fragt: »Wer will denn jetzt mal Streitschlichter sein?«, schießen vierzehn, fünfzehn Hände hoch, und wildes Geschrei und Gebettel setzt ein. Später, in der Klasse, sollen einige Kinder zu Streitschlichtern gewählt werden, für ein Halbjahr. Jobprofil: Streitschlichter dürfen nicht schlagen, müssen sich ausdrücken können und konsequent fair sein.

Margret Mertens, die Klassenlehrerin, hat schon zwei Kinder im Kopf. Die seien sowieso schon Klassensprecher, damit aber nicht ausgelastet. Mertens hat in achtundzwanzig Berufsjahren jede Menge gesehen und erlebt. Von »Gewaltfrei Lernen« ist die Neunundfünfzigjährige kurz gesagt begeistert. Das Training gefällt ihr »total gut«, von Sibylle Wanders' Art ist sie beeindruckt: »Sie ist sehr gut. Ich werde irgendwann motzig, wenn die Kinder nicht verstehen, was ich will oder sie nicht mitmachen. Sie bleibt immer ruhig.« Sie helfe den Kindern auch dadurch, dass sie Merksätze vorgebe: Lass das! Ich will das nicht! Fass mich nicht an! Wenn es drauf ankommt, blieben die Kinder dann nicht sprachlos und schwach.

Aufgefallen sei ihr auch, dass Wanders Gefühle wie Wut und Aggression ganz offensiv anspricht und den Kindern kleine Hilfestellungen gibt, wie sie damit umgehen können. Über Gefühle reden, das will Mertens mit den Schülern in der Zukunft auch. Denn Gewaltprävention, sagt die Lehrerin, sei »dringend notwendig«. Gerade nach der Pause kämen viele Kinder mit Beschwerden zu ihr. Mertens nimmt sich dann fünfzehn, wenn es sein muss dreißig Minuten Zeit, um die Konflikte mit der Klasse zu besprechen, auch wenn dadurch der eigentliche Stoff auf der Strecke bleibt. Ansonsten versuche sie, Themen wie Streit und Gewalt in den Unterricht einzubinden, allerdings eher auf dem üblichen Weg: Aufsätze, Bildergeschichten, Diskussionen. Aber das hier, das sei schon was anderes.

Und was sagen die Kinder selbst zu diesem etwas anderen Unterricht?

Jan findet es »gut, dass wir lernen, wie wir uns aus dem Würgegriff befreien können, dass man sich auf dem Schulhof verteidigen kann«. Er macht vor, wie er mit beiden Armen von unten gegen den Würgegriff schlagen soll. »Und in Zukunft werde ich zur Pausenaufsicht gehen, wenn etwas passiert.« Das ist, so hat es Wanders den Kindern beigebracht, nicht petzen, sondern erste Schülerpflicht. Nicki will in Zukunft »Gleichaltrigen helfen, wenn es Ärger gibt«, und ihren Eltern sagen, dass das Programm so gut war, wie sie nach einem Elternabend mit Sibylle Wanders gehofft hatten. Jemima haben einige früher gehänselt, »Schokolade« haben sie das farbige Mädchen gerufen. Im Training habe sie gelernt, dass nicht sie verkehrt ist, sondern die, die so reden. Jetzt habe sie den Mut bekommen, zur Lehrerin zu gehen, wenn so etwas wieder passiert.

Am Ende der Stunde singen die Drittklässler noch inbrünstig – auf jeden Fall laut – die Gewaltfrei-lernen-Hymne »Wenn nicht jetzt, wann dann?« Die Kölner Band Die Höhner hat dem Verein erlaubt, ihren Hit umzutexten und zu spielen. Dann ist Schluss – und mit einem riesigen Hurra wirbeln die Kinder aus der Halle. Sechs Stunden Gewaltprävention sind vorbei.

Was bleibt? Das fragen sich alle Beteiligten. Margret Mertens ist nachdenklich. So gut ihr der etwas andere Unterricht von Sibylle Wanders gefallen hat, sie weiß: Er ist ein Tropfen auf den heißen Stein. Solche Kurse drohen im Schulalltag verlorenzugehen. Aber Nachhaltigkeit kostet wieder Geld und Kraft.

Wir können »Gewaltfrei Lernen« stellvertretend für eine Vielzahl solcher Initiativen nehmen. Viele leisten gute Arbeit. Oft gehen diese Initiativen aber auf das Engagement Einzelner zurück. Systematisch etabliert haben sich Gewaltprävention und Sozialtraining im Bildungssystem nicht, wie das Deutsche Jugendinstitut in einer Zwischenbilanz zu »Strategien der Gewaltprävention« aus dem Jahr 2007 feststellt. Fazit des Zwischenberichts: Seit Anfang der neunziger Jahre hat die Gewaltprävention im Kindes- und Jugendalter »bemerkenswerte Fortschritte in der Fachpraxis« gemacht. Es gebe viele Ansätze und Projekte, die gut funktionieren; gänzlich neue Ansätze zu entwickeln sei nicht notwendig. Zu bemängeln sei aber die geringe Verbreitung dieser Strategien: »Es kann nicht davon ausgegangen werden, dass die jeweils notwendigen Ansätze und Konzepte überall dort, wo einschlägiger Bedarf besteht, bekannt sind, geschweige denn zur Verfügung stehen und umgesetzt werden können.« Mit anderen Worten: Erfolgreiche Rezepte sind vorhanden, werden jedoch zu wenig umgesetzt. Natürlich haben viele Schulen und Vereine die Bedeutung – und den Nutzen – von Präventionsmaßnahmen erkannt. Etliche bemühen sich, während des Unterrichts oder sogar außerhalb, mit zusätzlichem Engagement die soziale Kompetenz der Schüler zu stärken. Lehrer machen freiwillig Antiaggressionstrainings, um sich besser in ihre Schüler hineinversetzen zu können. Oft sind diese Anstrengungen aber Stückwerk, in einer Klasse finden sie statt, in der nächsten wieder nicht.

Also: Es wird etwas getan – und das ist aller Ehren wert. Aber: Strategisch ist das alles nicht verarbeitet. Solche Präventionsmaßnahmen müssten Bestandteil des Schulalltags, des offiziellen Lehrplans werden und dürfen nicht Privatsache bleiben.

»Eine Art Revolution«

Die Mutigen und die Visionären, sie haben nicht auf die deutschen Bildungspolitiker gewartet. Sie haben einfach gemacht. Der Journalist Christian Füller hat in *Schlaue Kinder, schlechte Schulen* eine Reihe von Schulleitern und Schulen porträtiert, die schon länger neue Wege gehen, sowohl was Strukturen als auch pädagogische Vorstellungen angeht. Sie sind offener, achten mehr auf die individuellen Fähigkeiten, verzichten auf Frontalunterricht und anderes mehr. Viele sind Vorzeigeschulen geworden. Für die Frage von Ausgrenzung und Integration kommt es aber gerade darauf an, nicht allein auf solche Leuchttürme zu schauen, sondern auf die Veränderungen im Schulsystem insgesamt.

Die Hauptschule ist klinisch tot. Dass sie ganz stirbt, versuchen manche konservativ geführten Länder zu verhindern, zu ignorieren oder hinauszuzögern. Doch die Hauptschule ist zu sehr stigmatisiert. Anhand von Extrembeispielen wurde sie vielleicht schlechter geredet, als sie im Schnitt wirklich ist, aber den Makel, Resteschule zu sein, bekommt kein Schulminister dieser Welt mehr wegdiskutiert. Die Eltern vermeiden es nach Möglichkeit, ihre Kinder auf die Hauptschule zu schicken. Sinkende Schülerzahlen tun ihr Übriges: Viele Hauptschulen gerade in ländlichen Regionen sind mangels Masse von der Schließung bedroht.

Selbst im vergleichsweise gut gestellten Baden-Württemberg haben vierhundert Hauptschulleiter in einem offenen Brief die Abschaffung dieser Schulform gefordert. Inzwischen probiert das Land an einigen wenigen Schulen den gemeinsamen Unterricht von Haupt- und Realschülern aus. Die baden-württembergischen Grünen fordern eine Basisschule, in der die Schüler durchgehend von Klasse 1 bis 9 gemeinsam unterrichtet werden. Auch einige andere Länder sind noch vorsichtig. In fünf Bundesländern jedoch ist die Hauptschule im Sommer 2008 bereits Geschichte. Per Schulgesetz. Der Umbruch aber hat gerade erst begonnen. Zum Beispiel in Schleswig-Holstein.

Nördlich von Hamburg, zwischen Itzehoe und Neumünster, nahe der Marschlandschaft und der holsteinischen Geest, liegt Kellinghusen, ein beschauliches Städtchen von 8000 Einwohnern. Der Taxifahrer begrüßt mich mit einem trockenen »Moin«. Es ist sechs Uhr abends. Beim Bäcker gibt es außer Brot und Backwaren CDs des ortsansässigen Seemannschors zu kaufen. Der VfL Kellinghusen kickt in der Bezirksliga gegen den FC Offenbüttel. Oberhalb von Rathaus und Kirche, zwischen Backsteinhäuschen, findet nichts Geringeres statt als »eine Art Revolution«, wie Petra Fobbe sagt.

Denn dort, in der Danziger Straße, steht das zweistöckige Schulzentrum von Kellinghusen – der Grund für meine Reise in den hohen Norden. Früher gab es hier eine Haupt- und eine Realschule. Früher, das heißt: bis vor kurzem, bis zum Sommer 2007. Aber alle hier sagen »früher« und meinen: Bevor beide Schulen im Schuljahr 2007/2008 zur Gemeinschaftsschule wurden, eine der ersten in Deutschland. Da wurden aber nicht mal eben zwei Schulen zusammengelegt. Die Gemeinschaftsschule hat, wie Petra Fobbe, die Konrektorin, mir erklärt, ein völlig neues Konzept: Im Prinzip handelt es sich um einen Gegenentwurf zum selektiven System. Es wird ab der fünften Klasse eingeführt und soll Jahr für Jahr nachwachsen. Im Schuljahr 2007/2008 lief das neue Unterrichtsmodell also nur in Klasse fünf, in den Klassen sechs aufwärts fand der »alte Unterricht« statt, mit der alten Unterteilung in Haupt- und Realschule.

In der fünften Klasse werden die Kinder gemeinsam unterrichtet, unabhängig von ihrer Leistungsstärke, behinderte Schüler eingeschlossen. Und so soll es auch möglichst lange bleiben – Sitzenbleiben ist passé. Die Kinder sollen so selbständig wie möglich lernen, und die Lehrer fördern partnerschaftlich jeden einzelnen Schüler. Die Lehrer sind nicht mehr Dirigenten, sondern Moderatoren. Frontalunterricht ist Vergangenheit, Parallelarbeit auch. Und Klassenarbeiten ebenso. Noten gibt es erst ab der achten Klasse. Jeder Schüler soll einen Abschluss schaffen und damit eine Zukunftschance bekommen. »Jede Schülerin und jeder Schüler hat ein Recht auf Erfolg!« Das ist hier der Leitsatz, der an der Gemeinschaftsschule über allem stehen soll.

Herzlich willkommen in der Schule der Zukunft!?

Für jemanden wie mich, der 1993 das letzte Mal die Schulbank gedrückt hat, klingt das abenteuerlich. Wie funktioniert das? Bei meinem Besuch im Frühjahr 2008 haben sie in Kellinghusen ein gutes halbes Jahr Erfahrung mit der neuen Schule.

Petra Fobbe ist fünfunddreißig, leichtes Grau mischt sich in ihre kurzen dunkelblonden Haare, sie trägt Laufschuhe, passend zu ihrem sportlichen Gehtempo. Sie führt mich in die Klasse 5a. Gerade geht eine sogenannte Klassenrunde zu Ende. Der Lehrer, Marcus Schmuck, hat einige organisatorische Anweisungen gegeben. Deshalb sind alle fünfundzwanzig Schüler versammelt. Das ist selten geworden, wie ich später erfahre. Denn jetzt fragt Marcus Schmuck seine Klasse: »Entscheidet euch. Was wollt ihr jetzt machen, Mathe oder Deutsch? Wer macht Mathe?« Einige Finger gehen hoch. »Wer macht

Deutsch?« Die anderen Finger gehen hoch. »Wer braucht noch eine Checkliste?« Vier, fünf Kinder zeigen auf. »Wer will jetzt einen Test schreiben?« Ein Mädchen meldet sich. »Okay, welche Checkliste brauchst du? Und du?« Und während Marcus Schmuck noch mit einzelnen spricht, beginnt eine kleine Prozession der Schüler in den Raum nebenan, die sogenannte Lernwerkstatt, verbunden mit etwas »motivierter Unruhe«, wie sie es hier nennen. Aber dann wird es schlagartig ruhiger. Die Kinder fangen an zu arbeiten.

»Checkliste« und »Lernwerkstatt« – diese zwei Begriffe sind für die Fünftklässler ganz selbstverständlich geworden. In der Lernwerkstatt finden sie moderne Arbeitsplätze, Lehrbücher, Duden, Computer, Scheren und Papier, eine Tafel, ein Radio, einen Fernseher, einen DVD-Player – und eine weitere Lehrkraft, die die Kinder bei Fragen unterstützt. Und bei den sogenannten Checklisten handelt es sich um Arbeitsblätter. Mit der Checkliste Nummer 4 in Mathe zum Beispiel sollen die Kinder sich andere Zahlensysteme erarbeiten, römische Zahlen und das Zweiersystem. In einer Tabelle steht dann unter »Ich kann ...« das Lernziel, unter »Ich übe ...« sind die Aufgaben im Lehrbuch oder auf Übungsblättern aufgeführt. Die Blätter sind bewusst in Ich-Form formuliert. Die Kinder sollen sich mit ihrem Lernen identifizieren. In der Rubrik »Hilfen und Hinweise« bekommen die Kinder weitere Tipps. Außerdem können sie auch die »Sternchenaufgaben« lösen, die sind zusätzlich und für starke Schüler gedacht.

Zu jedem Thema gibt es vier, fünf »Ich kann …«-Lernziele. Die einzelnen Aufgaben kontrollieren die Kinder zunächst immer selbst, dann ein Mitschüler, das soll das Miteinander fördern. Zuletzt guckt sich Lehrer Schmuck die Arbeit an. Wer alles durchgearbeitet hat, meldet sich individuell beim Lehrer zum Test an. Smileys zeigen an, ob die Schüler bestanden haben oder nicht. Wer nicht besteht, bekommt weitere Übungsaufgaben; wer den Test schafft, bekommt die nächste Checkliste. In anderen Fächern haben die Lehrer sich entschieden, die Kinder etwas anders arbeiten zu lassen, aber im Prinzip läuft es auf dasselbe hinaus. Die Schüler bekommen extrem viele Freiheiten und Verantwortlichkeiten. Die Lehrer arbeiten in gewisser Weise nach einem pädagogischen »Trial and Error«-Prinzip.

Für Petra Fobbe, früher an der Hauptschule Kellinghusen tätig, gibt es keine andere Alternative. »Zuletzt ist die Hauptschule ausgeblutet«, sagt sie. Stunden wurden gestrichen, dann die zehnte Klasse.

Statt lernschwache Kinder mehr zu fördern, sei es immer weniger geworden, sagt Fobbe. Sie ist fest davon überzeugt, dass die Gemeinschaftsschule den Kindern mehr Chancen bietet.

Nadja und Lisa, beide elf Jahre alt, sitzen mit zwei Mitschülerinnen an ihren Checklisten in der Lernwerkstatt. Ab und an reden sie kurz miteinander. Die meiste Zeit arbeitet jede für sich. Nadja findet, der klassische Unterricht früher, in der Grundschule, sei langweilig gewesen. »Immer nur zuhören, das war blöd. Hier ist es aktiver, macht mehr Spaß. Die Lehrer vertrauen einem mehr. Ich arbeite auch selbständiger.« Und Lisa meint: »Man lernt viel mehr. Ich bin viel besser geworden in der Schule. Ich nehme mir mehr vor als sonst in der Grundschule. Und unter uns Kindern, mal hilft man sich, mal macht man alleine etwas.«

Am Tisch nebenan sitzen vier Jungs zusammen. Lasse ist zwölf und findet diesen Unterricht »lustiger« als früher und hat auf jeden Fall »mehr Spaß als auf der alten Schule«. Minh, elf Jahre alt, ist froh, dass er mit seinen Freunden lernen kann, »dass wir uns helfen können«. Besonders gerne kontrolliert er die Checklisten von den anderen. Und weil es keine Noten mehr gibt, »hab ich lange keinen Ärger mehr mit meiner Mutter bekommen«.

Und der zwölfjährige Sven sagt: »Ich finde es schon ein bisschen schwer, viel alleine zu lernen. Das ist ungewohnt. Aber man kann ja später auf der Arbeit auch nicht immer den Chef fragen, wie was geht.«

Marcus Schmuck, der Lehrer, ein athletischer Typ mit Rändern unter den Augen, sagt: »Es läuft gut. Die Schüler sind zufrieden, sie kommen gerne hierher. Selbst die Verhaltensauffälligen. Und Unterricht in der Klasse, mit Stillsitzen und Frontalunterricht, ist fast unmöglich. Bei uns müssen sie sich auch gegenseitig erklären: Ich hab das so und so gemacht, stimmt nicht, stimmt doch. Sie reden mehr miteinander. Als Lehrer muss ich viel flexibler sein als vorher, hier etwas erklären, dort den Test besprechen und so weiter. Ich bin dabei aber viel entspannter als vorher. Ich bin auch der Typ dafür. Nicht jeder arbeitet gerne so.«

Und nicht jeder kann das von jetzt auf gleich. Das haben sie an der Gemeinschaftsschule Kellinghusen gleich zu spüren bekommen. Die Hälfte der Lehrer hat zwar sofort mitgezogen, doch nicht in jeder fünften Klasse funktioniert der neue Unterricht wie bei Schmuck. Ein paar seiner

Kollegen geben auch noch Frontalunterricht. Manche aus Überzeugung, manche aus Unsicherheit. Die Lehrer müssen bereit sein, ihre Routine zu durchbrechen und die alte Allmacht abzugeben. Das ist kein leichter Weg.

Die meiste Arbeit haben Schmuck und seine Kollegen zur Zeit aber damit, die Checklisten zu erarbeiten. Für das erste Halbjahr Mathe haben sie zweiundzwanzig Arbeitspläne erstellt, die Kindern auf Haupt- und Realschulniveau gerecht werden. Fünfhundert Arbeitsstunden stecken darin, außerhalb des Unterrichts. »Ich war gestern, am Sonntag, dreieinhalb Stunden in der Schule«, erzählt Schmuck, »zum Kopieren. Fünftausend Seiten hab ich durchgezogen, meist beidseitig. Da bin ich fast Amok gelaufen.«

Die Belastung der Lehrer in Kellinghusen ist extrem. Sie müssen nicht nur sich selbst als Lehrer neu erfinden, sondern auch das Material. Die Lehrer entwickeln den Stoff, das Design, einfach alles, denn Schulbücher gibt es nur für Haupt- oder Realschulen, und die funktionieren in Kellinghusen nicht mehr. Von der Seite gibt es also keine Unterstützung, im Gegenteil: Ein Verlag hat sich schon gemeldet und gefragt, ob er sich bei den Lehrern informieren könne, wie denn ein Schulbuch für die Gemeinschaftsschule aussehen soll.

Schmucks Kollege Fred Hohmann, Klassenlehrer der 5c, ist zwiegespalten: »Auf der einen Seite ist das, was wir hier gerade machen, wirklich sehr aufwendig. Wir haben unglaublich viel zu tun. Wir sitzen ständig in Konferenzen. Machen alles alleine. Wir fühlen uns alleingelassen. Auf der anderen Seite ist die Zusammenarbeit unter den Kindern, in Gruppen, ganz toll. Sie wollen freiwillig arbeiten, was einige von uns Lehrern nie gedacht hätten.«

Rolf Jacoby weiß natürlich um den Unmut ob der Arbeitsbelastung. Er ist der Schuldirektor, ein schmaler Mann mit großen Augen und leichtem Scheitel; ein gewinnend ruhiger und bedächtiger Mensch. Wir sitzen bei gedämpftem Licht in seinem Büro. Mit seinen sechzig Jahren hat er schon so einiges in seiner Karriere erlebt. Aber diese »Art Revolution«, wie seine Kollegin Fobbe es nennt, so etwas noch nicht.

»Wir sind absolute Pioniere. Wir können nirgends abgucken. Wir müssen uns aus uns selbst heraus entwickeln. Das ist ein Aufwand, ein Aufstand, den kann ich gar nicht beschreiben. Das ist zum Teil spannend, zum Teil eine große Bürde. Davon hängt ja ab, ob das Modell erfolgreich sein wird oder nicht.«

Natürlich haben sie ein bisschen nach Skandinavien geschielt – in Länder wie Finnland, die bei Schultests wie PISA ganz vorne landen; einige der Lehrer hatten auch schon im Studium Erfahrungen mit anderen Lehrformen gemacht. Aber alles in allem war das mager. Dazu ist Kellinghusen eine offene Ganztagsschule, immer montags bis donnerstags mit Mittagessen, Sportangebot, Töpfern, Basteln und Förderkursen zum Beispiel in Mathe, Englisch und für Legastheniker.

Die Schule im Umbruch. Eine Mammutaufgabe, keine Frage.

Rolf Jacoby ist kein Schulideologe, der immer von einer Gemeinschaftsschule geträumt hat. Er hat sich nicht darum gerissen, die Gemeinschaftsschule zu entwickeln. Schon gar nicht unter diesen Voraussetzungen. Nachdem das Land Schleswig-Holstein das Schulgesetz geändert hatte, ging ihm alles viel zu schnell. Sowohl die Hauptschule als auch die Realschule, die er zuvor leitete, hatten einen guten Ruf. Den können sie als Gemeinschaftsschule verlieren, wenn das Konzept nicht aufgeht. Wenn die Lehrer nicht mitziehen. Wenn die Eltern ihre Kinder nicht hier anmelden. Wenn die Schüler mit ihrer neuen Freiheit und Verantwortung nicht klarkommen.

Viele Wenns, viele Unwägbarkeiten. Jacoby erzählt das alles nicht, um zu jammern. Er spürt nur eine ungeheure Verantwortung auf sich und seinen Kollegen lasten. Der Gesellschaft gegenüber, den Eltern gegenüber – und vor allem den Kindern gegenüber: Sie sollen nicht Versuchskaninchen in einem hastig aufgesetzten Schulexperiment sein. Er ist selbstkritisch genug, um zu ahnen, dass ein Versagen möglich ist.

Der Schulträger, ein Zusammenschluss der umliegenden Städte und Gemeinden, wollte aber unbedingt den Sprung ins kalte Wasser wagen, vor allem aus standortpolitischen Gründen. Im Moment fahren viele Kinder von Kellinghusen und Umgebung nach Itzehoe, um ein Gymnasium zu besuchen. Die Gemeinschaftsschule soll auch einen Gymnasialzweig bekommen, damit die Kinder in der Region gehalten werden.

So hatten Jacoby und seine Kollegen nur wenige Monate Vorlauf für die Revolution. Sie bekamen zwar einen hochmodernen Anbau für 1,7 Millionen Euro plus den Umbau der Klassenräume sowie die Ausstattung der Lernwerkstätten finanziert, außerdem gab es fünf neue Lehrer, die Unterstützung des Förderzentrums für behinderte Kinder und schließlich auch noch einen Sozialpädagogen. Austausch findet statt mit den sechs anderen Gemeinschaftsschulen in Schleswig-Holstein. Der Prozess des Schulwandels und die schulinternen Lehrerfortbildungen wurden professionell begleitet. Aber den Unterricht in der neuen Schulform durften sie dann selbst erfinden. Noch nicht mal das Bildungsministerium in Kiel gab Hilfestellung, obwohl es aus politischen Gründen ein gesteigertes Interesse am Erfolg der Gemeinschaftsschule haben sollte.

Der Schulbetrieb läuft. Selbstzweifel sind erlaubt, aber Jacoby und sein Kollegium ziehen ihren Ansatz durch. Nach bestem Wissen und Gewissen. Für die fünfte Klasse wurden hundertfünfundsechzig Kinder angemeldet, fünfzig mehr als sonst. Das ist ein Plus von fast 50 Prozent. Jetzt fahren Kellinghusener Kinder nicht mehr nach Itzehoe, Kinder aus Itzehoe kommen nach Kellinghusen. Für die Eltern ist die neue Schulform attraktiv.

Jacoby sieht als größten Erfolg, dass das Miteinander der Schüler sich in der Gemeinschaftsschule von Anfang an sehr stark entwickelt hat: »Ich würde das am Verhalten der Schüler untereinander festmachen. An der Stimmung. Bisher grenzten sich die Real- und Hauptschüler voneinander ab. Solche Ausgrenzungen erfolgen nicht mehr. Die Kinder versetzen sich mehr in die Lage des anderen, braten nicht mehr nur im eigenen Saft. Die Auseinandersetzung mit dem anderen ist jetzt stärker vorhanden. Wie gehe ich mit Andersdenkenden um? Wie gehe ich mit Schülern um, die sich nicht auf meinem Bildungsstand befinden? Wie bekommen wir das hin, dass wir bei aller Unterschiedlichkeit uns trotzdem wertschätzen? Dieses Miteinander ist das Wichtigste. Wir meinen, dass wir das schon jetzt, nach nur einem halben Jahr, feststellen können. Es ist ein stärkeres Wir-Gefühl entstanden.«

Auch die Fünftklässler kommen nach Jacobys Eindruck gut mit der neuen Unterrichtsform zurecht. Zwar hatte die Schule Eltern und Kinder umfangreich über das neue Konzept informiert, eine Erfolgsgarantie ist das aber nicht. »Sie identifizieren sich mit dem, was in der Schule passiert«, sagt Jacoby, »sie sehen, dass nicht selektiert wird. Sie sehen, dass sie eine Einheit bilden. Ich sehe eine positive Entwicklung, dass auf diese Weise Gemeinsinn, Eigenverantwortung und Teamfähigkeit gestärkt werden.« Die Schule allein werde es aber mit Sicherheit nicht richten. Die Eltern, die Gesellschaft – alle seien gefragt.

Die anderen Gemeinschaftsschulen in Schleswig-Holstein machten ähnliche Erfahrungen, berichtet Jacoby. Zum Schuljahr 2008/2009 werden etwa fünfzig weitere Gemeinschaftsschulen im Norden den Betrieb aufgenommen haben.

»Sechs! Setzen!« In den fünften Klassen der Gemeinschaftsschule Kellinghusen wird das kein Schüler hören. Statt der zusammenfassenden Gesamtnote arbeiten die Lehrer bei der Beurteilung von Tests oder auf dem Zeugnis Stärken und Schwächen heraus und vor allem die individuelle Leistungsentwicklung. So sollen die Kinder genauer wissen, was sie gut machen und was nicht.

Nun ist aber auch nicht alles rosarot. Ein wichtiges Manko hat Rolf Jacoby ausgemacht: Die stärkeren Schüler sind in der ersten Phase zu kurz gekommen. Die Lehrer haben sich an den Schwächeren orientiert. Die sogenannte Binnendifferenzierung ist in diesem Schulmodell ein Knackpunkt, denn die stärkeren Schüler lernen schneller, die schwächeren Schüler langsamer. Die Schere geht auf. Über Jahre hinweg. Wie lässt sich das kompensieren? Wie die Balance halten? Am Ende stellt sich die Gretchenfrage, ob an Gemeinschaftsschulen Lernen nach individuellen Fähigkeiten tatsächlich möglich ist – oder ob so eine Schule dazu verdammt ist, zu einer besseren Hauptschule oder zu einer schlechteren Realschule zu werden. Natürlich sind die Erfolge vor allem der skandinavischen Länder mit vergleichbaren Schulformen für die Kellinghusener sehr ermutigend, aber den Wandel müssen sie schon selbst hinbekommen.

Einige Eltern von stärkeren Schülern würden bereits eine nicht ausreichende Förderung bemängeln, erzählt Jörg Rutkowski, der Vorsitzende des Elternbeirats. Sie machen sich Sorgen, dass ihre Kinder unterfordert werden. An der Gemeinschaftsschule sind immerhin auch fünf Kinder mit Gymnasialempfehlung. Andere Eltern seien noch nicht vom neuen, selbständigen Lernen ihrer Kinder überzeugt und meinen, ihre Kinder täten von alleine nicht genug, brauchten den Antrieb durch die Lehrer. »Ganz viele Eltern sagen aber: Das ist ein tolles System. Die Kinder können sich gut entfalten, sind wissbegierig, wollen schnell die nächste Lernstufe erreichen. Für das soziale Miteinander verspreche ich mir auch eine Menge vom neuen Unterricht.«

Dass die Lehrer mehr auf die schwächeren Schüler schauen, ist kein Zufall. Problemkinder verschwinden nicht, nur weil es in Kellinghusen jetzt eine Gemeinschaftsschule gibt. Gestandene Realschullehrer treffen erstmals in ihrer Laufbahn auf Kinder, die »ungewaschen, riechend, ohne Frühstück« in die Schule kommen, wie

Schulleiter Jacoby berichtet. Kinder, die nicht wissen, wie sie sich in eine Gruppe einordnen, die schlecht erzogen sind, bei denen die »grundlegendsten Dinge nicht vorhanden sind«. Ein Kulturschock für die Realschullehrer. Darauf folgt schnell der Impuls: Da müssen wir Energie reinstecken. Energie, die an anderer Stelle fehlt.

Diese Kinder müssten eigentlich auch mal aus dem Klassenverband raus, besonders betreut und überhaupt fit gemacht werden fürs Lernen. Wie das gehen kann, darüber machen sich Jacoby und sein Kollegium viele Gedanken. Aber für ihn ist auch klar: »Es sind überall Baustellen. Wir dürfen nicht den Fehler machen, sie alle auf einmal anzugehen. Das überfordert uns, und dann geht gar nichts mehr.«

Aufregende Zeiten sind das im Schulzentrum von Kellinghusen. Und sie werden andauern, ein knappes Jahrzehnt vielleicht, bis manche der Fünftklässler von heute Abitur gemacht haben. Das erwartet Jacoby. Ein Zurück kann er sich nicht mehr vorstellen. Unterm Strich fällt die erste Zwischenbilanz ja auch ziemlich positiv aus: Der Systemwechsel scheint möglich. Und mehr Miteinander, mehr Wir-Gefühl auch. Darauf ist Jacoby, bei allen Bedenken, sichtlich stolz, denn: »Absehbar war das nicht.«

Das klingt durchaus vielversprechend, die Aufbruchstimmung ist in Kellinghusen mit Händen zu greifen, auch wenn sicher noch kein Anlass zum Jubel besteht. Schulformen und Lehrmethoden sind das eine – tatsächlicher Erfolg das andere. Die Gemeinschaftsschule ist nur ein Gefäß, aber nicht das Allheilmittel an sich. Sie ist vielleicht ein besseres Gefäß, weil sie soziale Kompetenzen der Schüler aus sich selbst heraus fördert und ein anderes Klima in der Schule schafft. Lehrer spielen aber auch an solchen Schulen wie in Kellinghusen weiter eine ganz entscheidende Rolle, da sind sich die Fachleute einig.

IV.

Die verspätete Identität?

Deutschland, deine gespaltene Identität

Integration kontra Ausgrenzung – die Diskussion ist zwangsläufig mit einer weiteren Ebene verknüpft: der nationalen Identität. Integration ist kein isoliertes Geschehen, sie kann nur gelingen, wenn sie durch das Selbstverständnis der Deutschen gestützt wird. Vielleicht hat sich Deutschland bereits mehr geändert, als wir bemerkt haben – und aus diesem neuen Selbstverständnis folgen die seit einiger Zeit zu beobachtenden verstärkten Ansätze zur Integration. Möglicherweise verändert aber auch das Aufkommen integrativer Strategien in Gesellschaft und Politik die deutsche Identität. Womöglich geschieht auch beides gleichzeitig. In jedem Fall bedingen sich Wandel und Deutschsein, stehen grundlegende Integrationsanstrengungen und Identität in Bezug zueinander. Sie sind zwei Seiten derselben Medaille.

Ich habe es eingangs schon festgestellt: Deutschlands Identität nach außen ist stabil, aber es fehlt an einer konsistenten Identität nach innen.

»Identität« ist ein schwieriger, häufig als schwammig bezeichneter Begriff. Zunächst einmal haben wir nicht eine Identität, sondern sehr viele. In diese Identitäten werden wir meist hineingeboren – Geschlecht, Ethnie, Nationalität. Wir können gar nichts dafür, wir haben keine Wahl getroffen, diese Identitäten sind vorgegeben. Auf andere Identitäten wie unsere berufliche oder sexuelle Identität haben wir hingegen durchaus Einfluss. Einige dieser anderen Identitäten können für uns persönlich viel einflussreicher sein als die nationale, und für die meisten

Menschen in Deutschland tritt die nationale Identität sicher hinter den anderen zurück.

Identitäten sind so wirkungsvoll, weil sie das Verhalten von Menschen und Gruppen stark beeinflussen. Die nationale Identität aber hat offensichtlich immer noch eine besondere, übergeordnete Bedeutung. Das ist keineswegs zwingend und selbstverständlich, Europa bestand nicht immer aus Nationen. Die Begriffe »Nation« und »Patrie« (Vaterland) sollen sogar erst im achtzehnten Jahrhundert im Wortschatz aufgetaucht sein. Und so müssen die Nationen in Europa nicht auf ewig der große Bezugspunkt bleiben, der sie heute noch zweifelsohne sind. Aber der Weg zu einem vereinigten, föderalen Europa ist lang – wenn es denn je dazu kommt.

Gleichzeitig fragen einige kluge Köpfe, ob es überhaupt noch so etwas wie nationale Identität in der globalisierten, individualisierten, zugleich pluralisierten und polarisierten Welt des einundzwanzigsten Jahrhunderts geben kann. Dabei verhält es sich umgekehrt: Gerade die Globalisierung fordert das Selbstverständnis der Nationen heraus. Loyalität und Solidarität innerhalb einer Nation sind kaum vorstellbar ohne eine gemeinsame Identität.

Wenn wir in Deutschland von Identität sprechen, ist häufig von Eigenschaften wie den »deutschen Tugenden« die Rede – dann steht der vielzitierte »Nationalcharakter« im Mittelpunkt. Immanuel Kant beschrieb das deutsche Wesen seinerzeit wie folgt: guter Charakter, ehrlich, häuslich, ordentlich und fügsam. Aus letzterer Eigenschaft schloss er, dass die Deutschen leichter tyrannisierbar seien als andere. Obrigkeitsglaube macht unterwürfig.

Heute bringen uns pauschale Zuschreibungen von Eigenschaften nicht mehr weiter. Dafür ist Deutschland in sich zu vielfältig geworden. Vor allem aber sagen moderne Philosophen: Identität entsteht viel eher aus einer Beziehung heraus, Identität braucht also einen Zweiten, einen Anderen. Die Identitätsforschung diskutiert hier »Identität und Alterität«. Unsere Identität entwickelt sich nicht im luftleeren Raum, sondern es gibt einen Kontext, Bezugspunkte, Einflüsse von außen.

Daraus folgt, dass nationale Identität sich heute nicht mehr mit der klassischen Frage »Wer sind wir?« beantworten lässt. Vielmehr müssen wir fragen: Wer sind wir – im Verhältnis zu den Anderen? Und natürlich stellen sich darüber hinaus die Fragen: *Wie* sind wir? Und *warum* sind wir so geworden? Das Wir ist dabei als gedachte Gemeinschaft der Menschen und Bürger in der jeweiligen Nation zu verstehen. Die Antworten müssen etwas Einzigartiges herausarbeiten.

Was heißt das auf Deutschland bezogen? Die deutsche Identität ist nach dem Dritten Reich eine beschädigte. Häufig sind wir schon damit zufrieden, dass es überhaupt wieder möglich ist, laut über so etwas wie deutsche Identität nachzudenken. Das wiederum führt zu der Frage: Ist nationale Identität historisch gegeben oder von einer Gesellschaft formbar? Beides ist richtig. Nationale Identität entsteht immer auch aus historischen Entwicklungen, aus dem kulturellen Erbe heraus. Das deutsche Selbstverständnis lebt nach wie vor von seinen großartigen Dichtern, Denkern und Fußballern ebenso wie mit den Monstrositäten des Dritten Reichs. Nationale Identität ist aber auch etwas Dynamisches; sie verändert sich durch aktuelle Ereignisse und gesellschaftliche Umbrüche. Die friedliche Revolution der DDR-Bürger ist genauso ein Beispiel dafür wie der erhebliche Erfolg der Ökobewegung. Klimaschutz hat inzwischen national oberste Priorität.

Identität hat etwas Evolutionäres. Nationale Identität entwickelt sich dynamisch auf dem Fundament der Geschichte. »Damit muss ich mich auseinandersetzen, denn willenlos ausgeliefert bin ich ihr nicht. Der Mensch kann den Überlieferungen eine neue Richtung geben, er kann seine Zeit beeinflussen. Dafür ist er frei, dafür ist er verantwortlich. Alle menschliche Geschichte ist Wandel, Veränderung. (...) Mein Deutschsein ist also kein unentrinnbares Schicksal, sondern eine Aufgabe.« So hat es der damalige Bundespräsident Richard von Weizsäcker 1985 in seiner Rede »Die Deutschen und ihre Identität« ausgedrückt.

Nationale Identität ist nicht in Stein gemeißelt. Sie ist nie fertig. Sie ist gestaltbar und damit auch verhandelbar. Die Frage »Wer sind wir – im Verhältnis zu den Anderen?« greift also noch zu kurz. Wir können weitergehen und fragen: Wer *wollen wir sein* im Verhältnis zu den Anderen?

In diesem Verständnis wirkt es geradezu grotesk, wenn der streitbare Harvard-Professor Samuel Huntington in seinem Buch *Who are we?* die Amerikaner dazu auffordert, zu den Wurzeln der USA zurückzukehren, zur Kultur der Siedler: »Die Amerikaner sollten sich zurückbesinnen und wieder der anglo-protestantischen Lebensweise, ihren Traditionen und Werten verpflichten.« Huntington versucht damit, den Amerikanern im Jahr 2008 eine dreihundert, vierhundert Jahre alte Identität überzustülpen.

Für gewöhnlich leiten die westlichen Länder ihre Außenpolitik von ihrem inneren Selbstverständnis ab. Wir Deutschen machen es umgekehrt: Die »neue« deutsche Identität wird von außen nach innen aufgebaut. Was wie ein deutsches Paradox wirken mag, hat der Politikwissenschaftler Werner Weidenfeld vor einem Vierteljahrhundert in seinem Buch *Die Identität der Deutschen* sehr nachvollziehbar beschrieben: »Das Auf und Ab der deutschen Geschichte, die Perversion politischen Denkens und Handelns im Nationalsozialismus, der rasche Wandel der Legitimationsideen, die Teilung der deutschen Nation – dies alles macht die Schwierigkeiten verständlich, die mit der Beschreibung der Identität der Deutschen verbunden sind. Es liegt offenbar ein schmaler Grat zwischen kleinmütiger Selbstanklage und prahlerischer Zahlmeisterattitüde, zwischen Selbstverlorenheit und Überheblichkeit. So kann nicht überraschen, dass zunächst einmal die Fragezeichen in den Vordergrund rücken, wenn über die deutsche Identität reflektiert wird.«

Die beschriebenen Selbstzweifel gelten wohl heute noch. Spannend nur, dass die deutsche Identität nach außen ein voller Erfolg ist. Das lässt sich leicht daran ablesen, dass Deutschland im Ausland viel besser angesehen ist als im eigenen Land. Der BBC-Journalist Steve Crawshaw hat das in seinem Buch *Ein leichteres Vaterland* beschrieben. Diese Identität nach außen ist glaubwürdig, sie ist keine Schauspielerei oder bloße Fassade. Wie ist sie entstanden?

Außenpolitik ist auch Ausdruck nationaler Identität, Selbstverständnis übersetzt in konkretes Handeln. Um die deutsche Identität nach außen besser zu verstehen, müssen wir zurück zum Wendepunkt der deutschen (Identitäts-)Geschichte, zurück in die zweite Hälfte der vierziger Jahre. Die Alliierten hatten die Nazis bezwungen. Die Deutschen standen da wie die Schlächter der Menschlichkeit, die Ausgeburt des Bösen. Die deutsche Identität war vernichtet beziehungsweise kollabiert. Gleichzeitig warf bereits der Kalte Krieg seine Schatten auf das befreite und bald geteilte Land. Da die DDR jede Verantwortung für die Vergangenheit ideologisch zurückwies, übernahm die Bundesrepublik diese Bürde.

Dies war zuallererst eine Bürde nach außen. Die Deutschen hatten vor der Weltgemeinschaft in unglaublichem Maße gesündigt. Die neue politische Elite – ob Konrad Adenauer oder später Willy Brandt – musste, aber wollte auch der Welt beweisen, dass die Deutschen aus der Vergangenheit gelernt hatten. Dass Deutschland wieder moralisch richtig handeln konnte. Dass die Deutschen eigentlich doch »gut« waren und die zwölfjährige Hitler-Herrschaft einen unentschuldbaren Höhepunkt nationaler Entgleisung darstellte.

Dieses Deutschland band sich in den fünfziger und sechziger Jahren ein in die westlichen Strukturen – Europäische Gemeinschaft, Nato, Vereinte Nationen. Die Entspannungspolitik und die Ostverträge prägten die siebziger Jahre. In den Achtzigern gefiel sich Deutschland in der Rolle des wirtschaftlichen Riesen und politischen Zwergs. Dann kam die Wiedervereinigung, und weiterhin galt: Egal, wer regiert, die bundesdeutsche Außenpolitik ist im Kern eine berechenbare Konstante. Thomas Risse von der Freien Universität Berlin hat die drei nach außen prägenden Faktoren in seinem Aufsatz »Deutsche Identität und Außenpolitik« beschrieben: Zivilmacht, Multilateralismus und Europaorientierung. Zur Zivilmacht gehört dabei eine gewisse Wehrhaftigkeit. Zum Multilateralismus durchaus auch das Durchsetzen von Eigeninteressen. Zur Europaorientierung die vom Autoland Deutschland selbst auferlegte Rolle, wirtschaftlich wie politisch Motor und treibende Kraft zu sein.

Doch wie steht es um die Identität nach innen? Es wird leicht übersehen: Deutschland hat in den vergangenen hundert Jahren wie kaum ein anderes Land politische Extreme durchlebt – und häufig durchlitten. Den militanten Chauvinismus der Kaiserzeit, den rassistischen Nationalsozialismus des Dritten Reichs; die Extremerfahrung, geteilter Frontstaat des Kalten Kriegs zu sein; den real existierenden Sozialismus der DDR im einen, den Linksterror der RAF im anderen Teil.

Die Identitätsfindung nach außen war ein *Muss* vor der Völkergemeinschaft, die Identitätsfindung nach innen war ein *Später,* wenn das Land wieder aufgebaut, das Häusle abbezahlt, Deutschland wiedervereinigt sein würde. Das Problem der nationalen Identität ließ sich im Land selbst verdrängen. Oder, mit den Worten des Historikers Wolfgang J. Mommsen: Die Deutschen der Bundesrepublik zogen es »in ihrer übergroßen Mehrheit in den fünfziger und sechziger Jahren vor, den Problemen der eigenen nationalen Tradition auszuweichen. Sie gaben bereitwillig der Versuchung nach, vor der Frage nach der nationalen Identität der Deutschen gleichsam wegzutauchen.« Die Ausblendung geschichtlicher Dimension in den Fünfzigern und Sechzigern sei »sehr ausgeprägt« und praktisch »tabuisiert« gewesen.

In *Wohin treibt die Bundesrepublik?* schrieb Karl Jaspers 1966: »Man hat von einem Vakuum gesprochen. Wir haben in der Tat noch kein in den Herzen gegründetes politisches Ziel, kein Bewusstsein, auf einem selbstgeschaffenen Grunde zu stehen, keine Beschwingtheit durch den Willen zur Freiheit … Es gibt für uns noch immer keinen politischen Ursprung und kein Ideal, kein Herkunftsbewusstsein und kein Zielbewusstsein, kaum eine andere Gegenwärtigkeit als den Willen zum Privaten, zum Wohlleben und zur Sicherheit.«

Lautstark brachen die Achtundsechziger dieses Schweigen auf. Ihre Auflehnung richtete sich schonungslos gegen die Elterngeneration, ohne jedoch einen gesamtgesellschaftlich tragfähigen Identitätsentwurf zu entwickeln. Die Achtundsechziger landeten bald irgendwo zwischen Sympathie für die RAF und der Erfindung der grünen Partei.

Inzwischen war das Wirtschaftswunder zum Gründungsmythos der Bundesrepublik gereift; dass das Land von den US-Amerikanern eifrig bezuschusst worden war, fiel regelmäßig unter den Tisch. »Wohlstand für alle« in der sozialen Marktwirtschaft – das wurde zum nationalen Motto.

Mommsen schreibt: »Der Stolz auf das in drei Jahrzehnten Erreichte, auf die großen Aufbauleistungen seit Kriegsende, spielt im Selbstverständnis der Bürger der Bundesrepublik, gleich welcher sozialer Schicht diese angehören, eine entscheidende Rolle. Es ist dieses Moment, das den Kern des politischen Selbstbewusstseins der Deutschen in der Bundesrepublik ausmacht. Es dürfte kaum zu viel gesagt sein, dass dies ein wichtiges Substitut für ein traditionelles Nationalbewusstsein bildet, mit anderen Worten ein wesentliches Element der ›nationalen Identität‹ der Bürger der Bundesrepublik Deutschland unter Einschluss West-Berlins. (...) Wohlstand stärker noch als Freiheit wurde zu einem wesentlichen Faktor des Legitimitätseinverständnisses der Bürger (...)«

Mit anderen Worten: Die nationale Würde speiste sich größtenteils aus dem erzielten Wohlstand. Frei im (Wirtschafts-)Erfolg. Gleich in der Konsumwelt. »Das Kaufhaus besetzte die Germania. Damit wurde ein Identitätsangebot für gute Zeiten geschaffen«, schreibt Richard Wagner in seinem Buch *Der deutsche Horizont*. Deutlich spitzer formulierte es der ehemalige Kommissionspräsident der Europäischen Union, Jacques Delors: »Für die Deutschen ist die D-Mark so wichtig wie für andere die Flagge.«

Solange die in Deutschland wohnenden Ausländer an diesem D-Mark-Wohlstand bescheiden teilhatten, stellten sie keine grundlegende Herausforderung für die deutsche Gesellschaft dar. Umgekehrt ertrugen sie dafür die Erniedrigungen und Ausgrenzungen leichter. Nationale Selbstfindung, die Ausländer einbezog, fand, wenn überhaupt, in homöopathischen Dosen statt.

Der Historiker Rudolf von Thadden fragte sich 1983 angesichts des materiellen Erfolgs der Bundesrepublik, wie die Westdeutschen denn der inneren »Verkrampfung« entkommen könnten: »Die Nagelprobe darauf wird zweifellos am Grad der Bereitschaft zur Toleranz gegenüber Andersdenkenden gemacht werden. Denn ein Bemühen um deutsche Identität, das den vielfältigen und häufig divergierenden politischen, sozialen, kulturellen und konfessionellen Traditionen unseres Landes Rechnung trägt, kann nur erfolgreich sein, wenn es mit Sinn für jeweils andere Prägungen und Orientierungen verbunden ist. Kein anderes Volk hat so viel Anlass wie das zerrissene deutsche, Respekt für Nonkonformität und dissentierende Haltungen zu entwickeln. Kaum ein anderes Land tut sich aber auch so schwer damit, weil tiefsitzende Ängste und Bedrohtheitsgefühle mehr Abwehr- und Abgrenzungsbedürfnisse wecken, als der Situation angemessen sind.«

Toleranz und Respekt aus Einsicht in die Notwendigkeit – diese Perspektive setzte sich zunächst nicht durch. Was Westdeutschland im Großen und Ganzen bis zur Wende zusammenhielt, war die wirtschaftliche Stärke des Landes. Das Verhältnis zum Vaterland blieb schwierig, wie nicht zuletzt die Äußerungen von zwei Bundespräsidenten zeigen, die, durchaus humorvoll, die vorherrschende Haltung widerspiegelten. Gustav Heinemann sagte: »Ich liebe nicht den Staat, ich liebe meine Frau.« Und Roman Herzog erklärte: »Ich liebe keine Institutionen, den Staat so wenig wie beispielsweise die Allgemeine Ortskrankenkasse.«

In den neunziger Jahren verschärften sich die gesellschaftlichen Verhältnisse; zynischerweise ausgerechnet durch die (wirtschaftlichen) Folgen der Wiedervereinigung, die ja durchaus eine gemeinsame Identität hätte stiften können. Deutschland aber geriet aus dem Gleichgewicht: Reformstau, globale Konkurrenz, hohe Arbeitslosigkeit und das Ringen um soziale Gerechtigkeit; erst die Asylbewerberproblematik, dann die Zuwandererfrage; dazu der permanente Konflikt zwischen Wessis und

Ossis. Kein Wunder, dass Ende der Neunziger eine Diskussion um das deutsche Selbstverständnis einsetzte.

Die Schlagworte waren »Leitkultur« auf der konservativen und »Verfassungspatriotismus« auf der linksliberalen Seite. Deutschland suchte nach der Wiedervereinigung – und im Spiegel der Eingewanderten – nach einer Formel für sich selbst. Doch beide Konzepte erwiesen sich als untauglich, die deutsche Identität zu fassen. »Leitkultur« klang zu sehr nach kultureller Hegemonie und Überlegenheit, womit die Deutschen (und nicht nur sie) in der Vergangenheit schlechte Erfahrungen gemacht hatten. Folgerichtig ließ sich dieser Ansatz außerhalb der eisern konservativen Kreise nicht etablieren. Der Begriff »Verfassungspatriotismus« hingegen trug sein Scheitern schon deshalb in sich, weil er den Patriotismus, der sich in hohem Maße aus Gefühlen ableitet, mit dem nüchternen und rationalen Begriff »Verfassung« vermählen sollte. Das wirkte auf viele seltsam emotionslos und verkopft. Der damalige Bundeskanzler Gerhard Schröder (SPD) sagte 2002 in seiner Rede »Nation, Patriotismus, Interesse«: »Wenn die deutsche Nationalelf Fußball spielt, dann drücke ich den Deutschen nicht deshalb die Daumen, weil wir so ein wunderbares Grundgesetz haben.«

Im Nachklapp zur Debatte versuchte Julian Nida-Rümelin, der ehemalige Kulturstaatsminister, Humanismus als Leitkultur zu definieren, Bundestagspräsident Norbert Lammert (CDU) bemühte sich, mit seiner 2006 erschienenen Anthologie *Verfassung Patriotismus Leitkultur* die Kampfbegriffe per Buchklappe zu versöhnen und die Diskussion unter Politikern und Kulturschaffenden neu zu beleben, und der frühere Kulturchef des *Spiegel*, Matthias Matussek, bot mit seinem Buch *Wir Deutschen* einen effekthascherischen Pop-Patriotismus an: Grämt euch nicht, die anderen sind auch nicht besser. Schon gar nicht die Briten.

Die Diskussion verpuffte – wegen der Begriffe, der Parteipolitik, der unzureichenden Tiefe. Dabei sind die beiden Konzepte gar nicht so weit voneinander entfernt, wie das parteipolitische Theater uns glauben machen will. Beide stellen die freiheitlich-demokratische Grundordnung mit den entsprechenden Freiheiten, Rechten und Pflichten in den Mittelpunkt. Doch hundertzwanzig Länder auf der Erde sind Demokratien und haben meist relativ ähnliche Verfassungen. Hundertzweiundneunzig Staaten bekennen sich zur Allgemeinen Erklärung der Menschenrechte. Damit will ich nur sagen: Der Demokratieansatz allein ist zu unscharf, um daraus (s)eine nationale Identität zu beziehen. Und Papier ist geduldig.

Die USA haben auch eine demokratische Verfassung, erlauben sich aber einen Krieg im Irak, ohne internationales Recht zu achten; ganz zu schweigen von Guantánamo. Entscheidend sind die Taten und die Lebenswirklichkeit in einem Land.

Bundeskanzlerin Merkel hat dazu mit Blick auf die in Deutschland lebenden Muslime angemerkt, dass eine formale Akzeptanz der Normen »noch nicht zwangsläufig das Gefühl« schaffe, gemeinsam auf einem festen Grund zu stehen«.

Gerhard Schröder wünschte sich ein »selbstkritisches Selbstbewusstsein« in einer »aufgeklärten Nation im Herzen Europas«. Und Bundesinnenminister Wolfgang Schäuble (CDU) schrieb, im Kern sehr ähnlich, Deutschland müsse »seine Identität in demütigem Selbstvertrauen finden«.

Neues Selbstbewusstsein auf der einen, Demut und Selbstkritik in Anbetracht der deutschen Geschichte auf der anderen Seite, das sind notwendige, aber nicht hinreichende Voraussetzungen, um die deutsche Identität nach innen besser (be)greifen zu können. Sie könnten der Anfang unserer Suche, nicht das Ende sein.

Lust und Last, Deutscher zu sein: von Selbstliebe, »Allgier« und Bratwürstchen

Wenn Deutsche heute über ihr Deutschsein sprechen, rutschen sie nervös auf ihren Stühlen hin und her. Sie winden sich wie Aale. Sie werden rot. Wenn Deutsche heute über ihr Deutschsein sprechen, haben sie Angst. Angst davor, etwas »Falsches« zu sagen, in die »falsche« Ecke gesteckt zu werden. »Also nicht, dass Sie mich jetzt falsch verstehen …« Sie wissen, was politisch korrekt ist; aber eigentlich wollen sie ja auch sagen, wie es wirklich ist. Wenn Deutsche heute über ihr Deutschsein sprechen, tragen sie sichtbar einen Kampf aus. Mit sich selbst.

Diese Reaktionen haben jedenfalls Daniel Salber und sein Team vom Rheingold-Institut in Köln beobachtet, das sich auf tiefenpsychologische Interviews spezialisiert hat. Sie haben 2007 im Auftrag der Düsseldorfer Identity Foundation eine Untersuchung durchgeführt: »Deutschland auf der Suche nach sich selbst« ist die aktuellste größere psychologische Befragung zum Stand und zur Entwicklung der deutschen Identität. Will sagen: Das Forscherteam schaute den Deutschen in die Seele. Na ja, immerhin siebzig Deutschen, Männern und Frauen, Jungen und Alten, Berufstätigen und Arbeitslosen, Hausfrauen und Rentnern, Schülern und Studenten, Gebildeten und Ungebildeten, quer durch alle Schichten.

Auf dem Weg zu meiner Verabredung mit Daniel Salber fragte ich mich: Wie sieht einer aus, der Deutschland auf die Couch gelegt hat? Dann stehe ich ihm gegenüber. Der promovierte Psychologe ist mittelgroß, seine kurzen grauen Haare gehen in einen Vollbart über. Schwarzer Rollkragenpullover, dunkles Sakko. Seine hellen Augen tasten einen ruhig ab, seine warme, geübte Stimme ist freundlich und forschend zugleich.

Einige der Interviews hat Salber selbst geführt. Sie dauerten zwei bis drei Stunden und fanden, fern aller Klischees, nicht auf einer Couch statt, sondern im sogenannten Studio des Instituts, auf blauen Polsterstühlen in Interviewräumen, die mit Tischen, Computern, Topfpflanzen, Palmen und zum Teil mit Videokameras ausgestattet sind. Oder die Interviewer gingen gleich zu den Befragten nach Hause. Alle von ihnen machten ein und dieselbe Beobachtung. Salber zeigt Fotos am Laptop: »Das Interessante an deutschen Wohnzimmern ist, dass sie integrativ sind, da finden Sie ein solches Sammelsurium von Kulturen wie auf dem Flohmarkt. Eine Buddhafigur, einen Samowar, ein Mitbringsel aus dem mediterranen Raum, dann eine Ledergarnitur im Eichenholzstil. Solch ein Stilmix ist uns immer wieder ins Auge gesprungen und kam fast in allen Wohnzimmern vor.«

Das gab den Psychologen ein erstes Rätsel auf: War diese Vielfalt Zufall, oder steckte darin vielleicht schon eine Antwort auf die heutige deutsche Identität? Sie gingen der Spur nach, bohrten immer tiefer, bezogen ihren Eindruck »in deutschen Wohnzimmern ist alles zu finden« auch auf die deutsche Identität. Aussagen wie »Ich hätte gerne etwas von allen, nicht nur von den Deutschen!« oder »Ich bin zwar grundsätzlich deutsch, aber offen für alles« ließen sie aufhorchen. Bei Daniel Salber und seinen Kollegen verdichtete sich der Eindruck: Deutschsein allein reicht den Deutschen nicht.

»Die Deutschen wollen alles haben. Sie wollen auf nichts verzichten. Und wenn sie etwas Bestimmtes sind, müssen sie auf etwas verzichten. Wenn sie sagen, ich bin deutsch, dann sind sie alles andere nicht. Sie haben dann etwas nicht, sie fühlen sich eingeschränkt. Das wollen sie aber nicht. Dann müsste man ja auch zu etwas stehen, auch Risiken und Leiden auf sich nehmen für das, was man ist.

Sie wollen gern deutsch sein, aber sie wären gerne alles andere auch. Und da ist es natürlich schwer, etwas Eigenes auszumachen. Und in dem Moment, wo sie sagen, ich bin deutsch, spüren sie, dass ihnen etwas entgeht, dann springen sie wieder.«

Salber nennt dieses Verhalten etwas eigentümlich »Allgier«: die Gier, alles und nichts zu sein, ohne jede Verantwortung, und bloß nichts zu verpassen.

Jetzt ist Salber in seinem Element. Wenn er über die Identität der Deutschen redet, wie er sie beobachtet hat, dann ist es so, als wollte er sie mit Händen greifen. Als wäre diese Identität ein konkreter Gegenstand, eine

Skulptur, an der er arbeitet, die er im selben Moment fassen und formen will.

Salber und seine Kollegen legten den Deutschen zwanzig Fotos vor: vom Papst, vom Kaiser, von der Kanzlerin; vom deutschen Spargel, von deutschen Panzern und deutschen Wäldern; vom Kölner Dom, von Gartenzwergen und Hape Kerkeling auf Wandertour; von einer Muslimin mit Kopftuch, von der Deutschlandflagge.

Dabei stellten sie fest, dass die Deutschen wenig über ihre Geschichte wissen. Immer noch sind die Deutschen fixiert auf das Dritte Reich, wie typische Aussagen zeigen: »Mein Großvater war dabei, er war bei der SS, und ich weiß nicht, was er da gemacht hat. Aber er war ein superlieber Großvater und hat tolle Grillhähnchen gemacht. Es lastet immer noch auf einem.«

»Diese Identitätsschwäche, die wir haben«, sagt Salber, »dieses Versäumnis, sich damit zu beschäftigen, wer wir sind, wer wir aufgrund unserer Geschichte trotz alledem noch sein können, was es auch für positive Bilder in unserer Geschichte gibt, das wird alles verdrängt. Komplett.« Salber tut mit den Händen so, als würde er eine schwere Kulisse beiseite schieben.

»Dieses Versäumnis führt insgeheim zu dem Gefühl der fehlenden Stabilität. Die Deutschen machen ja gar nichts, um ihre Vergangenheit aufzuarbeiten. Da wird immer gesagt, das Dritte Reich war so böse, wir haben keine Vergangenheit mehr. Das ist doch eine faule Ausrede. Denn es gibt ja eine lange deutsche Vergangenheit, es gibt ja auch große Figuren wie Luther. Alle diese Gestalten sind ja auch da. Aber die sind weg, die sind verschwunden aus unserem Alltagsbewusstsein. Die leben nicht mehr.«

Die Verkürzung der deutschen Geschichte auf das Dritte Reich komme einer Geschichtslosigkeit gleich. Den Deutschen fehlten positive Bezugspunkte. Sie lebten, was ihr Deutschsein angeht, in einem Vakuum. Das mache sie rastlos. Mit anderen Worten: Die Deutschen hängen im Leerlauf fest.

Dafür haben sie es sich lange im Lokalpatriotismus gemütlich gemacht. Darüber sprechen sie viel lieber, viel offener: über ihre Region, über das Rheinland, Franken, Bayern, Thüringen … In einem Interview hieß es: »Ich mag die Vielfalt, die Nürnberger Bratwürste zum Beispiel. Das sind alles nette, schöne Dinge. Die geben einem Halt und ein vertrautes Heimatandenken.«

Würstchen als Identitätsfaktor? Irgendwie schon, wenn man sich noch andere Aussagen anschaut: »Wenn ich über die Rheinbrücke fahre oder schon von weitem den Dom sehe, dann bin ich in der Heimat.« – »Meine Heimat ist Rostock und wird es auch immer bleiben.« – »Deutschsein ist eine schwierige Sache. Ich bin vor allem Schwabe oder Süddeutscher.«

Die Deutschen sind im Herzen Lokalpatrioten. »Um vorzubeugen«, sagt Salber. Um nicht mit dem Dritten Reich identifiziert zu werden.

Deutschsein ist heute relativ. Deutschsein bedeutet, Abstand zu halten von den eigenen Abgründen.

Aber die Sehnsucht, doch zu etwas Größerem, »Gutem« zu gehören, klang in den Interviews immer wieder durch. Die Psychologen merkten schnell, dass die Frauen und Männer sich trotz der nervösen Geschichtslosigkeit durchaus auch mit Deutschland identifizierten. Das äußerte sich deutlich durch ihre Angst, die deutsche Identität zu verlieren, und durch entsprechend formulierte Frustrationen: »Der Bergbau ist weg, China kommt, die Bevölkerung wird immer kleiner … Wenn das so weitergeht, dann bleibt uns nix mehr übrig.« – »Bei der Europäisierung geht alles verloren. Und dann haben wir den Islam hier.« – »AEG macht zu, Siemens macht zu, Chrysler weg. Wo gibt es noch ein echtes deutsches Unternehmen, das hier entwirft, entwickelt, baut und verkauft? Sterbende Nation.« – »Ohne das ›Made in Germany‹ sind wir nichts mehr, eine leere Hülse.«

Bei den Ostdeutschen kam hinzu, dass sie sich nach wie vor eher wohlmeinend kolonialisiert als gleichberechtigt wiedervereinigt fühlen. Dass die DDR im neuen Deutschland vollständig verdrängt und auf die Müllhalde der Geschichte geworfen wurde, haben viele im Osten nicht als Befreiung, sondern als neue Verunsicherung erlebt. »Alle haben uns verraten«, hieß es in einem Interview.

Die befragten Deutschen empfänden ihr Land durchaus als groß und wichtig. Umso mehr fürchteten sie den Absturz, sagt Salber: »Jede Individualität hat ihre Schwächen, ihre Schattenseiten, mit denen sie nicht klarkommt. Auch die Deutschen haben so eine Verkehrungsgefahr, und zwar an dem Punkt, wo sie immer noch gerne die Größten sein wollen, die Besten sein wollen, alles haben wollen. Die Kehrseite dieser Allgier ist die Angst. Und diese tiefe Angst sitzt den Deutschen in den Knochen. Die haben das in der Geschichte immer wieder erlebt, dass sie aus großartigen Anläufen ins Nichts gekracht sind. Das hat sich in unserer Geschichte immer wieder wiederholt. Man kann sagen, seit der Gründung des Deutschen Reichs bei den Karolingern sind die Aufschwünge und Zusammenbrüche heftiger gewesen als in anderen Ländern. Und darum ist immer diese German Angst da.«

Auch mehr als sechzig Jahre nach dem Krieg hat Deutschsein noch etwas Zweischneidiges. Einerseits ist die deutsche Identität weiter mit Selbstzweifeln belegt: »Wie konnte es damals nur dazu kommen«? Daraus folgt eine Hemmung, offen deutsch zu sein, ohne sich schuldig dafür zu fühlen. Andererseits aber gibt es eine große Sehnsucht nach Zusammenhalt, den Wunsch nach einer starken Identität. Neidisch blicken die Befragten auf Länder, die ein unbeschädigtes Nationalgefühl zu haben scheinen. Einer berichtete, er kenne deutsche Jugendliche, die lieber Türken wären, weil die so stolz auf ihre Herkunft seien und immer zusammenhielten.

Deutsche Identität ist aber nicht allein eine schwermütige Schlingerfahrt zwischen Schuldfragen und Selbstüberhöhung. Die Deutschen nehmen durchaus auch ihre Stärken wahr. Im Mittelpunkt, so haben es Salber und seine Kollegen aus den Gesprächen herausgefiltert, steht dabei das Problemlösen, der Erfindergeist, der die Deutschen beflügelt. Deutsche reden gerne über ihre Tatkraft und freuen sich über internationale Anerkennung. Ob im Handwerk oder in der Wissenschaft, Deutsche sind Menschen, die die Dinge ständig verbessern wollen. An schlechten Tagen wirkt das nörglerisch, an guten Tagen entstehen wahre Geistesblitze.

»Wichtig ist, nicht nur auf andere zu schielen« sagt Salber. »Das ist eine alte deutsche Untugend. Die Deutschen sind erst sehr spät eine Nation geworden. Die Deutschen waren sehr lange ein Flickenteppich, da waren andere schon dabei, die Welt zu erobern. Von daher kann man verstehen, dass wir seit Jahrhunderten das so machen. Da muss man fast therapeutisch sagen: Guckt mal, wo eure Stärken liegen. Ihr habt doch was. Aber ihr schätzt das nicht, weil ihr immer nach den anderen guckt. Das Problem ist, dass die Deutschen das, was sie können, für gering achten.« Mehr Selbstachtung, mehr Selbstliebe. Ist das des Pudels Kern? Der Mut, sich selbst als Nation gut zu finden, ohne dabei zu überdrehen. Oder ist auch das schon zu viel an Nationalgefühl?

Daniel Salber zögert keine Sekunde: Ohne den Glauben an sich selbst sei eine vollständige, sattelfeste Identität nicht zu haben. Aber mit ihrer Identität nach innen, ihrem Selbstbild, so erzählen die Deutschen, tun sie sich noch schwer.

Ich ging etwas unzufrieden aus dem Gespräch mit Daniel Salber. Das lag überhaupt nicht an ihm. Nur schien deutsche Identität auch hier immer wieder nur im Rückspiegel, im Zusammenhang mit dem Nationalsozialismus gesehen zu werden. Und ich fragte mich: Lässt sich denn, bei aller Demut, deutsche Identität, inklusive unserer nationalsozialistischen Vergangenheit, gar nicht der Zukunft zugewandt erfahren?

Eine deutsche Kleinstadt

Vor McDonald's, am Bahnhof, hängen ein paar Halbstarke herum mit ihren Mädchen, aus dem Kofferraum eines Kleinwagens wummern mächtige Bässe. Eine Bushaltestelle, ein Taxistand, eine Handvoll Obdachlose; ein asiatisches Paar guckt auf den ausgehängten Fahrplan. Ein Farbiger mit Hut tritt in den Bahnhofskiosk. Schräg gegenüber, im Saray-Imbiss, kosten Grillhendl und Döner gleichberechtigt 2 Euro. Dahinter reihen sich Hausdächer. Der Busfahrer schaut sich meine Zugfahrkarte ganz genau an, ich soll ja nicht zweimal zahlen müssen für die Weiterfahrt. Meine Recherchen haben mich, zum ersten Mal in meinem Leben, an diesen Ort geführt. Für einen Moment kommt mir das Wetter falsch vor, weil die Sonne so schön scheint – hier, an dem Ort, mit dessen Namen die wenigsten eine bayerische Kleinstadt verbinden, sondern den Standort eines Konzentrationslagers. Hier ist einer der Kristallisationspunkte deutscher Schuld: Dachau.

»Dachau – die Bedeutung dieses Namens ist aus der deutschen Geschichte nicht auszulöschen. Er steht für alle Konzentrationslager, die Nationalsozialisten in ihrem Herrschaftsbereich errichtet haben.« Diese Einordnung des Publizisten und Soziologen Eugen Kogon, der selbst das KZ Buchenwald überlebte und mit *Der SS-Staat* ein Standardwerk über die NS-Verbrechen schrieb, gilt heute noch.

200 000 Menschen wurden im KZ interniert.
40 000 Menschen starben dort in jenen zwölf Jahren.
40 000 Menschen leben heute in Dachau.

Vor der Gedenkstätte hat sich eine italienische Besuchergruppe versammelt, die munter durcheinanderschnattert. Die Anlage lässt sich durch das sogenannte Jourhaus betreten. Am gusseisernen Gittertor steht »Arbeit macht frei«. Direkt dahinter liegt der Appellplatz, bestimmt vier

Fußballfelder groß. Der feine Kies knirscht unter den Schuhen, hier mussten sich Tausende Gefangene aufstellen, morgens und abends, abzählen, manchmal stundenlang, Schikane bis zum Zusammenbruch. Links standen die Wohnbaracken, von rechts bildet das Wirtschaftsgebäude eine Klammer. Es war früher Küche, Kleiderkammer, Wäscherei, Schubraum für Neuankömmlinge. Auf dem Dach des Wirtschaftsgebäudes hieß es in großen weißen Lettern: »Es gibt einen Weg zur Freiheit. Seine Meilensteine heißen: Gehorsam, Ehrlichkeit, Sauberkeit, Nüchternheit, Fleiß, Ordnung, Opfersinn, Wahrhaftigkeit, Liebe zum Vaterland.«

Heinrich Himmler, damals Polizeipräsident von München, ließ das Lager 1933 einrichten und bald von der SS, der »Schutzstaffel«, leiten. Dachau, die Mutter aller Konzentrationslager, war kein großes Vernichtungslager wic Auschwitz, aber ein Vorbild an Unmenschlichkeit.

Die Gedenkstätte ist umringt von sieben Wachtürmen auf den Außenmauern, über die immer wieder Verkehrslärm schwappt. Dafür sind die Italiener verstummt. Hinter dem Wirtschaftsgebäude, jenseits der Außenmauer, grenzt eine Wohnsiedlung direkt an die Gedenkstätte. Das Wirtschaftsgebäude wurde zum Museum umfunktioniert. Im Eingangsbereich hängt eine leinwandgroße Karte der Nazistätten: Konzentrationslager wie Bergen-Belsen, Buchenwald, Krakau, Lublin-Majdanek. Vernichtungslager wie Birkenau und Treblinka. Auschwitz. Polizeihaftlager in Theresienstadt, Bozen und Lobor. Euthanasie-Tötungsanstalten in Sonnenstein, Schloss Hautheim, Brandenburg. Dazu viele, viele andere Orte in Deutschland, Polen, im Baltikum, auf dem Balkan, in Weißrussland. Eine holländische Mutter zeigt auf ’s-Hertogenbosch. »Auch bei uns«, soll das heißen – und ihre Tochter im Grundschulalter nickt stumm.

Die Gedenkstätte lähmt die Besucher spürbar. Sie lassen die Arme herunterhängen, gehen ganz langsam, sprechen kaum angesichts der perfiden Greueltaten, der brutalen Barbarei, der enthemmten Menschenverachtung, der die Gefangenen ausgesetzt waren.

Fotos: Ein Mann, stranguliert am Waschbecken. Ein anderer hängt tot im elektrischen Zaun. Ein dritter liegt einfach am Straßenrand, auf einem Grünstreifen. Ein junger Besucher, blonde Strähnen, Turnschuhe, schüttelt sich.

Eine Familie mit Kinderwagen sieht eine Videodokumentation an: kleine Leichenberge von kahlgeschorenen Häftlingen mit schwarzen Augenrändern, Haut und Knochen, aufgenommen von den Amerikanern am Tag der Befreiung. Der Mann guckt weg. Die Frau schlägt die Hände vor den Mund. Eine Frau, die sich bei ihrem Mann untergehakt hat, flüstert ihm nur zwei Wörter zu: »Alles schlimm.« Er rührt sich nicht.

Auf dem Appellplatz ist die Tristesse dieses Ortes trotz Sonnenschein mit Händen zu greifen. Die Besucher verlieren sich auf dem Gelände. Die Außenmauern wirken gar nicht so hoch, waren aber mit einem Graben, elektrischen Zäunen und Wachposten gesichert. Einige Gefangene liefen hinaus auf den Grünstreifen vor der Umzäunung, um erschossen zu werden.

Zunächst sperrten die Nationalsozialisten »Volksschädlinge« wie Kommunisten und Sozialdemokraten in Dachau weg, die Todeszahlen waren vergleichsweise gering. Mit Kriegsbeginn wurde alles schlimmer. Immer mehr Osteuropäer wurden interniert. Die SS-Männer schikanierten die Gefangenen intensiver, töteten mehr von ihnen. Die Gefangenen mussten sinnlose Arbeiten verrichten, Sandhaufen umschaufeln, Lasten hin und her schleppen. Die Nazis hängten Menschen wegen schlecht gemachter Betten auf.

Die Gefangenen in den Außenlagern wurden in den letzten Kriegsjahren in der Rüstungsindustrie eingesetzt, bis sie nicht mehr konnten und tot zusammenbrachen. »Vernichtung durch Arbeit«, hatte Goebbels das genannt. Mehr und mehr wurde das KZ Dachau zum Krankenlager. In den Blöcken 1, 3 und 5 führte die SS mit den Insassen grausame medizinische Experimente durch: Versuche mit Malaria, Unterdruck, Unterkühlung und Phlegmone (einer äußerst schmerzhaften bakteriellen Bindegewebsinfektion). Heute sind die Blöcke 1, 3 und 5 lange Kiesbetten, darin Zementblöcke mit der Barackennummer. Sie sehen aus wie ein überdimensionaler Sarg.

Die Lagerstraße liegt zwischen zwei Reihen von Kiesbetten. Alle vierzig Schritte stehen Laternen, die sich galgenförmig über den Weg strecken. Im Frühjahr 1944 eröffnete die SS eine Sonderbaracke, in der weibliche Gefangene aus dem Konzentrationslager Ravensbrück zur Prostitution gezwungen wurden.

Um die Leichen verschwinden zu lassen, bauten die Nationalsozialisten 1940 ein Krematorium direkt außerhalb der Anlage, am Ende der Frontseite, die Baracke X. 1942/43 entstand ein zweites Gebäude mit größerem Krematorium und Gaskammern. Auch wenn die SS sie nicht zur Massentötung benutzte, kam es zu Morden und Erhängungen direkt vor den Öfen.

Vier Verbrennungsöfen stehen heute noch da, roter Backstein, Stahlarmaturen, Luken. Je zwei bis drei Menschen konnten gleichzeitig verbrannt werden, die Öfen waren unterirdisch mit dem Schornstein verbunden. Rechts daneben lag eine Totenkammer. Heute ist sie völlig leer, zwei Abflüsse im Boden. Genauso leer wie der Auskleideraum und das »Brausebad«, wie die Nazis die Gaskammer nannten, einen rechteckigen Raum, vielleicht vier mal fünf Meter. Je mehr ich sehe, desto unwirklicher erscheint mir dieser Ort, je mehr Details ich aufnehme, desto unvorstellbarer wird alles.

Trotzdem erschien mir kein Ort geeigneter, um der deutschen Identität nachzuspüren, als Dachau. Geradezu banal wäre, dies »nur« wegen der KZ-Gedenkstätte, nur wegen der Vergangenheit zu tun. Ich hatte aber erfahren, dass sich die Einwohner Dachaus auf außergewöhnliche Art und Weise mit der nationalsozialistischen Vergangenheit ihrer Stadt auseinandersetzen, eben nicht nur rückwärts-, sondern auch vorwärtsgewandt.

So wie die Deutschen insgesamt haben sich auch die Dachauer schwergetan mit der Schuld nach dem NS-Wahn. Ein US-Militärgericht begann recht schnell mit den Kriegsprozessen in Dachau – das Konzentrationslager wurde zum Internierungslager von NS-Funktionären und SS-Schergen –, doch konsequent war die Strafverfolgung nicht, vor allem nicht, als 1949 die deutsche Justiz übernahm und der Kalte Krieg begann.

Schon 1948 war das ehemalige Konzentrationslager zum Flüchtlingslager umfunktioniert worden. Einerseits linderte das die große Wohnungsnot von Flüchtlingen und Vertriebenen, andererseits verschwand der Ort des

Verbrechens von der Bildfläche. Das half zu schweigen und zu verdrängen. Etliche zogen sich auf geographische Spitzfindigkeiten zurück. Das KZ liege gar nicht in Dachau, sondern außerhalb der Stadtgrenzen. Insofern habe man damit nichts zu schaffen. Der Dachauer Landrat ging 1955 noch viel weiter. Er forderte, das Krematorium des ehemaligen Konzentrationslagers abzureißen, um mit der »Diffamierung des Dachauer Landes Schluss zu machen«. Es kam anders. KZ-Überlebende, vor allem aus dem Ausland, setzten die Idee einer Gedenkstätte durch. 1968 wurde sie eingeweiht. Die Gedenkstätte war danach für viele Bürgergruppen der zentrale Bezugspunkt. Sie organisierten Führungen in der Gedenkstätte, begannen mehr Erinnerungsarbeit zu ermöglichen und zu leisten.

Trotzdem galt in Dachau lange die Gleichung »deutsche Identität = deutsche Schuld«. Mit den jüngeren Generationen begann der Wandel. Die Stadt begriff, dass sie mit ihrer Vergangenheit – und damit auch mit einem großen Teil ihrer Identität – aktiv umgehen, sie interpretieren musste, wenn sie unter der Bürde nicht zerbrechen wollte. Immer mehr Menschen wollten, dass die Wahrheit ausgesprochen wird. Dieses Umdenken manifestierte sich Anfang der neunziger Jahre auch in der Stadtpolitik. Der damalige Bürgermeister rief Dachau zum Ort des Erinnerns und Lernens aus. Aus dem Makel wurde eine Art Markenzeichen. Es entstand unter anderem ein Weg des Erinnerns, der durch die Stadt führt. Die Verwaltung stellte Informationsschilder auf. Der Widerstandsplatz erinnert daran, dass einige Dachauer Bürger kurz vor Kriegsende einen Aufstand wagten, der von den Nazis blutig niedergeschlagen wurde.

Im Gegensatz zu München ließ Dachau auch sogenannte Stolpersteine vor Wohnhäusern zu, mit denen an verschleppte jüdische Familien erinnert wird. Mit dem veränderten Bewusstsein änderte sich auch das Stadtbild.

2004/2005, anlässlich der Diskussion um einen neuen Stadtentwicklungsplan, begann eine weitere Phase der Auseinandersetzung. Der Stadtrat und die Stadtverwaltung wollten wissen: Wie soll Dachau 2020 aussehen? Die Stadt ging neue Wege und entschied sich für einen Prozess der integrativen Stadtentwicklung: Die Bürger sollten in die Entscheidungen mit einbezogen werden. Natürlich ging es auch darum, sich als Stadt zu profilieren und die Außendarstellung zu verbessern. Aber wer das alles für ein reines Marketingkonzept hält, irrt. Dafür ist die Sache zu aufwendig und zu teuer. 2008 hat der Stadtrat fast 1 Million Euro für die Stadtentwicklung zur Verfügung gestellt, das ist eine Menge Geld für eine Stadt von dieser Größe. Und was vielleicht noch wichtiger ist: Der Stadtrat hat sich verpflichtet, die entwickelten Ideen auch umzusetzen, sofern sie machbar sind. Er hat bewusst etwas Macht abgegeben.

Die Debatten haben rapide abgenommen. Die Arbeit an der Stadtentwicklung gibt gemeinsame Ziele vor. So nimmt es zumindest Thomas Leichsenring wahr, der die integrative Stadtentwicklung als leitender Redakteur der *Dachauer Nachrichten* von Anfang an beobachtet hat: »Das ist ein ganz neuer Ansatz für Dachau, aber dass dabei auch Otto Normalverbraucher seine kommunalpolitische Ader entdeckt hätte, ist eher selten. Da engagieren sich schon die üblichen Verdächtigen aus Vereinen und Organisationen. Neun von zehn Leuten in der Stadt wissen gar nicht, dass dieser Prozess stattfindet. Trotzdem – die Stadt gibt sich riesengroße Mühe.«

Wolfgang Grubwinkler hat den ganzen Prozess begleitet und moderiert. Es war wohl kein Zufall, dass seine kleine Beraterfirma aus Eggenfelden mit dem Namen »Identität und Image« die Ausschreibung gewann. Grubwinkler, der unter anderem Geschichte studiert hat, ist ein freundlicher Mann mit kurzen, angegrauten Haaren und einem Schnurrbart, die Brille trägt er oft auf der Nasenspitze. Er hat mehr als fünfundzwanzig Jahre Erfahrung mit kommunaler Stadtentwicklung. Sein Credo: »Eine Hochglanzbroschüre allein bringt nichts. Die *gelebte* Identität ist das Wichtigste. Eine Stadt darf sich nicht verbiegen, sie muss auf die eigenen Wurzeln schauen, an der Identitätsentwicklung arbeiten. Das ist nichts Statisches, Vorgegebenes. Wie wollen wir gesehen werden? Was kann und soll unsere Identität eigentlich ausmachen? Solche Fragen muss sich die Stadt stellen, um daraus dann ganz politische Schritte abzuleiten.«

Mit diesem Ansatz war Dachau für Grubwinkler eine ganz besondere Herausforderung. Identität sei bei Dachau mehr denn je »das absolute Schlüsselelement«, um ein Zukunftsbild zu entwickeln.

Zunächst ging Grubwinkler mit dem Stadtrat von Dachau in Klausur, um mit den politisch Verantwortlichen das Konzept durchzusprechen. Wichtigstes Element war dabei die Mitarbeit von vierundsechzig Bürgern aus Dachau, aufgeteilt in acht Arbeitsgruppen zu Themen wie »Umwelt, Natur, Energie« oder »Gewerbe, Handwerk, Dienstleistung«. In der Gruppe »Kultur und Zeitgeschichte« ging es dann natürlich unter anderem auch um den weiteren Umgang mit der nationalsozialistischen Vergangenheit der Stadt.

»Ich kann das nicht ohne die Menschen machen«, sagt Grubwinkler, »oder vom Schreibtisch aus. Ich muss Betroffene zu Beteiligten machen. Ich muss Menschen, die die Stadt ausmachen, so weit es irgend geht, einbinden. Das ist am Ende zwar noch keine Basisdemokratie, aber eine erfolgversprechende Mischung aus Partizipation und Effizienz.«

Dachau hat eine malerische Altstadt, die Bürgerhäuser sind in sanften Farben gestrichen, hellblau, rosé, beige. Irgendwo bellt ein Hund, an der Bushaltestelle warten drei Menschen. Zwei Plakate hängen da, eines weist auf ein Gespräch mit einem KZ-Opfer hin, das andere auf ein Mozart-Konzert im Schloss.

Im Rathaus bin ich mit drei Herren verabredet. Günther Domcke ist der Verwaltungsdirektor von Dachau, ein erfahrener Mann, der überlegt, bevor er in sanftem Bayerisch spricht. »Wir haben gesagt, na ja, schaun mer mal, was die Bürger wollen. Es ist ja ihre Stadt.« Tobias Schneider ist der Kulturamtsleiter, ein junger, energischer Typ mit dunkelblonden, halblangen Haaren und einem wachen Blick. Andreas Kreutzkam ist einer der beteiligten Bürger. Er ist der Sprecher der Arbeitsgruppe »Kultur und Zeitgeschichte«, ein engagierter Mann, der in Aussehen und Sprache an Wolfgang Thierse erinnert. Er ist aktiv im Bürgerforum, in der Gedenkarbeit und im Kunstverein. Er sagt: »Das war ein mutiger Schritt von der Stadt. Viele hatten auch Angst, dass die Bürger etwas ganz Neues, ganz Anderes wollten.«

Einer der bekennenden Skeptiker war Kulturamtsleiter

Schneider. Ihm war es nicht ganz geheuer, die Bürger so stark mit in den Entwicklungsprozess einzubeziehen. Er hatte damit gerechnet, dass auch viele unsinnige Vorschläge kommen würden, wurde dann aber überrascht: »Es war nur ganz, ganz wenig Schmarrn dabei. Dabei hatten wir befürchtet, dass viele der Ideen gar nicht umsetzbar sein würden und unsere Arbeit dadurch blockiert würde. Aber dem war gar nicht so. Es hat sich gelohnt.«

Zukunftskonferenzen, Expertenrunden – Bürger investierten ehrenamtlich 4500 Arbeitsstunden in die Stadtentwicklung. Die Arbeit hat sich gelohnt: Im Februar 2007 beschloss der Stadtrat einstimmig die entwickelten Vorschläge in den verschiedensten Bereichen, von Wirtschaft über Umwelt bis zu Familie. Zahlreiche kleinere Ideen wurden bereits umgesetzt.

Aber das Kernstück war eine nochmalige Auseinandersetzung mit der Historie. Dies offensiv anzugehen sei eine »ganz besondere Qualität« gewesen. Was kann die Stadt Dachau noch tun, um ihrem historischen Erbe gerecht zu werden? Wie soll Dachau sich einer Vergangenheit stellen, die immer mehr verblasst? Noch machen ehemalige KZ-Insassen Führungen durch die Gedenkstätte. Sie haben das Konzentrationslager erlebt. Sie sind ein Teil dieses Ortes, sie sind glaubwürdig und authentisch, ihre Emotionen und Gedanken rühren aus der unmittelbaren Erfahrung des Schreckens. Doch 2020 wird all das verloren sein, die Überlebenden werden weniger. Und aufgezeichnete Interviews sind nicht dasselbe wie Menschen aus Fleisch und Blut, die vor einem stehen. Ein Gedanke kam in der Arbeitsgruppe »Zeitgeschichte« auf: Das Erinnern so gut es geht zu bewahren, zu pflegen und zu fordern ist das eine. Das andere ist, sich nicht auf die rückwärtsgewandte Betrachtung zu beschränken. Dazu hatte Dachau viele kleine Schritte unternommen. Wie könnte ein richtig großer aussehen?

Die Dachauer wollten nicht nur in den Rückspiegel schauen. Sie fragten sich: Wie lässt sich das dunkelste Kapitel des zwanzigsten Jahrhunderts im Allgemeinen und Dachaus im Besonderen ins einundzwanzigste Jahrhundert übersetzen? In die Gegenwart? In die Zukunft? Die Antwort lautete: Dazu müsste Dachau sich mehr mit den grundlegenden Entwicklungen beschäftigen, die zum Nationalsozialismus geführt hatten. So entstand die Idee, in Dachau ein Zentrum für Friedens- und Konfliktforschung einzurichten nebst Museum für Menschenrechtsfragen. Die Kombination soll Wissenschaftler und Laien gleichermaßen anziehen. Eine Idee, betont Kreutzkam, die schon einmal vor dreißig Jahren laut gedacht wurde, damals aber verpuffte. Dachau war noch nicht so weit. Jetzt begeisterte sich die Arbeitsgruppe für die Idee, zumal mit dem Wegzug einer Papierfabrik eine Fläche samt denkmalgeschützten Gebäuden mitten in der Stadt brachliegt.

Da die Gedenkstätte sich außerhalb Dachaus befindet und im Alltag nicht so präsent ist, wäre das schon ein besonderes Zeichen, findet Verwaltungsdirektor Domcke: »Wenn die Bevölkerung sagt, wir wollen das mitten in der Stadt haben, die wertvollste Fläche ist uns für diesen Zweck gerade gut genug, dann wird das, was das Umdenken *aller* Dachauer angeht, noch vieles auslösen.« Und Kulturamtsleiter Schneider ergänzt: »Die Bevölkerung will, dass aus ihrer Vergangenheit auch etwas Positives entsteht. So etwas wäre früher undenkbar gewesen; man war, was die eigene Vergangenheit anging, über Jahrzehnte zurückhaltend. Jetzt hat sich gezeigt, dass man fast keine Verkrampfungen mehr hat.« Früher seien bei diesem Thema alle immer zusammengezuckt, heute gehe man viel offensiver und »entspannter« damit um: »In Dachau hat ein Paradigmenwechsel stattgefunden.«

Trotzdem glauben die drei Männer nicht, dass Dachau nun mit sich im Reinen ist. Mit dieser Formulierung tun sie sich schwer und weisen sie zurück. Das würde zu sehr danach klingen, als wollten sie das Kapitel einfach abhaken. Mitnichten.

Stattdessen machte man sich an die Arbeit, die Idee eines Zentrums für Frieden- und Konfliktforschung bald Wirklichkeit werden zu lassen. Zunächst wurde an der Universität München eine erste Machbarkeitsstudie in Auftrag gegeben. Die Universität könnte schließlich auch Kooperationspartner werden. Weitere Schritte folgten. Das alles sei zwar eine schöne »Vision«, wie Kreutzkam, der engagierte Dachauer, sagt, »aber allen ist bewusst, dass sie nicht sofort umsetzbar ist. Da braucht es internationale Unterstützung aus Amerika, Israel, aus europäischen Ländern.« Denn der Symbolgehalt eines Zentrums für Friedens- und Konfliktforschung ausgerechnet in Dachau sei enorm hoch.

Dachaus jüngste Bemühungen, die (vor)belastete Identität zu gestalten und die Vergangenheit in die Gegenwart zu übersetzen, wird anerkannt, insbesondere im Ausland. In der niederländischen Gemeinde Renkum tobte die Schlacht von Arnheim im September 1944 besonders heftig. Tausende Alliierte starben bei dem Versuch, die strategisch wichtige Rheinbrücke unversehrt unter ihre Kontrolle zu bringen. Jedes Jahr findet eine große Gedenkfeier auf dem Airborne-Friedhof in Oosterbeek statt, an der 30 000 Menschen teilnehmen. Vor ein paar Jahren wäre es noch undenkbar gewesen, dass offizielle Repräsentanten Dachaus zu den Trauerfeiern eingeladen würden; zu tief saßen die Ressentiments. Im vergangenen Jahr luden die Niederländer erstmals den Dachauer Bürgermeister ein.

Domcke, der sonst nüchterne Verwaltungschef, wird auf einmal sehr emotional: »Dachau, der Standort der Mutter aller Konzentrationslager, ist vorzeigbar geworden. Die Stadt hat es geschafft, ihre Vergangenheit nicht nur in ihr Selbstverständnis zu integrieren, sondern sie auch zu akzeptieren; darum geht es hier. Jeder Schritt in diese Richtung erfüllt einen mit Stolz, gerade weil dieser Weg so schwierig ist.«

Du bist Deutschland – reloaded

Berlin, Unter den Linden. Es ist kurz vor halb neun, ein frischer Morgen. Ich werde gleich das erste »Business-Frühstück« meines Lebens zu mir nehmen. Lars Cords, Sprecher der Kampagne »Du bist Deutschland«, musste den eigentlich ausgemachten Nachmittagstermin vorverlegen. Im Café Einstein schwirren überfreundliche Kellner umher und bringen Geschäftspartner, die sich nur vom Telefon kennen, zusammen. Lars Cords kommt pünktlich. Er trägt einen klassischen Dreireiher in Dunkelgrau, hat hohe Wangenknochen, dunkle Haare, einen fokussierten Blick. Er wird Dinge sagen wie: »Wir haben getrackt, ob die Story ankommt.« Oder: »Wir haben die Kampagne gecornert, damit Missinterpretationen durch Rechte nicht möglich sind.« Mit neununddreißig Jahren ist der studierte Volkswirt Partner und Standortleiter Berlin der PR-Firma fischerAppelt, die gemeinsam mit zwei Werbeagenturen die Kampagne entwickelt hat.

Im Rückblick ordnet Cords die Kampagne folgendermaßen ein: »Den Peak kann man nicht konservieren. Der Alltag überlagert wieder die WM-Zeit. Aber wir fallen nicht auf das gleiche Niveau zurück. Wir verharren fünf Zentimeter über dem Stand vor der Kampagne, was die Stimmung und das Selbstgefühl angeht. Wir glauben schon, dass wir auch jetzt noch auf einem höheren Sockel sind, sowohl was die Wirkung im Ausland betrifft als auch die Wirkung nach innen. Aber natürlich haben wir keinen Schutzwall gegen jegliches Jammertal erzeugt, das ist illusorisch.«

Über die Kampagne wurde massenhaft berichtet, sie wurde öffentlich seziert. Alles schien darüber gesagt und geschrieben. Trotzdem hatte ich mir die alten Artikel besorgt und die Kampagne noch einmal unter die Lupe genommen. Ich war überrascht. Vielleicht lag es am zeitlichen Abstand, dass meine Nachlese ganz anders ausfiel: Sehr wichtige Punkte – gerade was den Zusammenhang von Identität und Integration anging – waren unbeachtet geblieben, nicht ernst genommen oder nur ganz am Rande behandelt worden.

Mit »Du bist Deutschland« präsentierte sich 2005 eine Werbekampagne, wie sie das Land zuvor noch nie gesehen hatte: Sie wollte weder Spülmittel noch Autos vermarkten, sondern nichts Geringeres als eine bessere Stimmung in Deutschland, ein neues Selbstverständnis erzeugen. Die Macher wollten, unter anderem im Zuge der bevorstehenden Fußballweltmeisterschaft, zu einer Aufbruchstimmung in Deutschland beitragen. Ihr Ziel war es, jeden Einzelnen zu mehr Selbstverantwortung und Eigeninitiative aufzufordern, irgendein Talent stecke in jedem, die Deutschen sollten etwas zuversichtlicher werden.

Hinter der Kampagne steckte jedoch nicht die Bundesregierung oder einzelne Parteien. Die Spitzen der Medienwirtschaft hatten sich die Kampagne ausgedacht, angeführt vom damaligen Bertelsmann-Chef Gunter Thielen. Sie war gigantisch angelegt, generalstabsmäßig organisiert, medial allgegenwärtig. Die Identitätskampagne hatte eine Reichweite von 98 Prozent, kostete über 30 Millionen Euro, und nach sechs Monaten kannte sie jeder zweite Deutsche. Der Kern der Kampagne war ein zweiminütiger Werbespot, in dem sich vor allem Prominente mit der »Du bist Deutschland«-Botschaft direkt an die Zuschauer wandten. Der Spot lief zur besten Sendezeit in allen großen TV-Sendern. Er lief in den Kinos. Die Kampagne warb in Zeitungen, im Internet. Sie war in aller Munde. Das Manifest von »Du bist Deutschland« lautete: »Ein Schmetterling kann einen Taifun auslösen. Der Windstoß, der durch seinen Flügelschlag verdrängt wird, entwurzelt vielleicht ein paar Kilometer weiter Bäume. Genauso, wie sich ein Lufthauch zu einem Sturm entwickelt, kann deine Tat wirken. Unrealistisch, sagst du? Warum feuerst du dann deine Mannschaft im Stadion an, wenn deine Stimme so unwichtig ist? Wieso schwenkst du Fahnen, während Schumacher seine Runden dreht? Du kennst die Antwort: Weil aus deiner Flagge viele werden und aus deiner Stimme ein ganzer Chor. Du bist von allem ein Teil. Und alles ist ein Teil von dir. Du bist Deutschland.

Dein Wille ist wie Feuer unterm Hintern. Er lässt deinen Lieblingsstürmer schneller laufen und Schumi schneller fahren. Egal, wo du arbeitest. Egal, welche Position du hast. Du hältst den Laden zusammen. Du bist der Laden. Du bist Deutschland.

Unsere Zeit schmeckt nicht nach Zuckerwatte. Das will auch niemand behaupten. Mag sein, du stehst mit dem Rücken zur Wand oder dem Gesicht vor einer Mauer. Doch einmal haben wir schon gemeinsam eine Mauer niedergerissen. Deutschland hat genug Hände, um sie einander zu reichen und anzupacken. Wir sind 82 Millionen. Machen wir uns die Hände schmutzig. Du bist die Hand. Du bist 82 Millionen. Du bist Deutschland.

Also: Wie wäre es, wenn du dich mal wieder selbst anfeuerst? Gib nicht nur auf der Autobahn Gas. Geh runter von der Bremse. Es gibt keine Geschwindigkeitsbegrenzung auf der Deutschlandbahn. Frage dich nicht, was die anderen für dich tun. Du bist die anderen. Du bist Deutschland.

Behandle dein Land doch einfach wie einen guten Freund. Meckere nicht über ihn, sondern biete ihm deine Hilfe an. Bring die beste Leistung, zu der du fähig bist. Und wenn du damit fertig bist, übertriff dich selbst. Schlag mit deinen Flügeln und reiß Bäume aus. Du bist die Flügel, du bist der Baum. Du bist Deutschland.«

Die Kritik von Journalisten und Wissenschaftlern im Land war massiv, die öffentliche Meinung kritisierte scharf: Der Spot sei kitschig, suggestiv und pathetisch. Sprachlich verlasse er sich auf schiefe Bilder, ein überhebliches »Du« und »Volkskörperrhetorik«. Die Elite der Reichen und Schönen spreche herab zum gemeinen Volk. Es sei eine Kampagne von oben nach unten. Inhaltlich werde ein »Leistungspatriotismus« beschworen, wobei es immer gefährlich sei, am Patriotismus zu schrauben, da der nachweislich Voraussetzung für Nationalismus sei. Und die Botschaft dieses »Leistungspatriotismus« laute: Wenn du dich mehr anstrengst, wirst du ein besseres Leben haben, unabhängig von Rahmenbedingungen wie steigender Arbeitslosigkeit oder den Entscheidungen in Wirtschaft und Politik. Du bist selbst schuld, wenn du keinen Erfolg hast und unzufrieden bist. Außerdem mutmaßten die Journalisten, hinter der Aktion stünden Wirtschaftsinteressen. Glücklichere Deutsche würden mehr konsumieren. Zugestanden wurde der Kampagne, dass sie mit den Themen »Eigeninitiative« und »Jammertal« berechtigte Punkte anspreche.

Die Reaktion der Deutschen war deutlich anders. Immerhin zwölf Millionen Menschen fühlten sich laut Kampagnenbüro positiv bestärkt und motiviert. Allerdings polarisierte die Kampagne. Eine Mehrheit sah sie positiv, eine große Minderheit war total dagegen. Cords: »Ich glaube, dass das eine der Stärken der Kampagne war. Rummenigge hat das ja mal für Bayern München formuliert: Mir ist lieber, viele sind gegen die Kampagne, als dass sie allen gleichgültig ist.«

Am besten kam die Kampagne übrigens im Ausland

an. Endlich, kommentierte die internationale Presse überwiegend, würden die Deutschen unverkrampfter mit sich selbst umgehen.

Und tatsächlich: Die Kampagne als solche war tatsächlich unverkrampft. Warum? Weil sie das Krampfthema Drittes Reich geschickt reduzierte, ohne es völlig auszusparen. Weil sie mit Andeutungen in dieser Richtung auskam, zum Beispiel durch die Schauplätze, an denen einige Statements aufgenommen wurden, wie das Stelenfeld des Holocaust-Mahnmals in Berlin. Die übliche Hauptrolle, die die Nazizeit im Zusammenhang mit Patriotismus- und Identitätsdebatten einnimmt, haben die Kampagnenmacher ihr einfach nicht gewährt. Sie haben sich vielmehr auf die Gegenwart verlassen.

»Das war einer der neuralgischen Punkte«, sagt Cords im Rückblick. »Der gedankliche Reflex beim Begriff Deutschland ist der Rückgriff auf die Geschichte. Da mit dem Finger auf die Leute zu zeigen und zu sagen: Du bist Deutschland, das war schon riskant. Wir haben das aber ganz bewusst durchgehalten. Wir wollten zeigen, dass wir als Nation, auch international, so weit sind, ein Selbstbewusstsein zu leben, das eben nach vorne schaut. Ich muss nicht immer in gebückter Haltung gehen, mit dem Mühlstein der Historie auf dem Rücken. Wir wollten uns damit nicht vor einer bestimmten Verantwortung drücken, wir wollten daran arbeiten, dass die Gesellschaft dieses Vorgehen zulässt.«

Eine Werbekampagne als Reaktionstest. Was auch Cords verblüfft hat: Dieses der Kampagne unterliegende Motiv wurde überraschenderweise nicht öffentlich in Frage gestellt. Das darf man im Nachhinein wohl als stille

Anerkennung verstehen. Auffällig ist auch, dass die Kampagne sich in keinster Form gegen andere richtete. Sie war sehr integrativ, zeigte Zuwanderer und Behinderte. Sie stand zur Vielfalt in Deutschland.

Deutschland ist nicht mehr Volks- oder Schicksalsgemeinschaft, sagt die Kampagne. Sie fragt nicht mehr: Wo kommst du her? Sondern: Willst du mitmachen? Und sie macht klar: Patriotismus manifestiert sich heute weniger durch emotional aufgeladene Begriffe wie *Vater*land oder *Mutter*sprache, sondern vielmehr durch das Handeln jedes Einzelnen. Letzterer darf sich nicht im Kollektiv verstecken. Deutschland lebt inzwischen vom Willen der Menschen im Land, Teil einer Nation zu sein. Dazu gehören, so »Du bist Deutschland«, auch Leistungswille und Einsatzbereitschaft. *Jeder* muss sich bewegen. *Jeder* verändert sich dabei. Das gibt allen Menschen im Land die Chance, sich selbst einzubinden.

Die Kampagne blieb also ganz auf Deutschland selbst gerichtet. Und anders als zum Beispiel die Leitkulturdebatte kam sie ohne Abgrenzungen aus; sie erzeugte keinen Wettbewerb, sie stellte die Deutschen nicht über andere Nationen oder grenzte einzelne Gruppen aus dem gewünschten Deutschlandbild aus. »Du bist Deutschland« zeigte, dass es heute möglich ist, das Eigene wertzuschätzen, ohne das Fremde abzuwerten. Das ist eine wertvolle Erkenntnis, zumal auch sie unwidersprochen blieb.

»Du bist Deutschland« verzichtete auf nationale Mythen. Die Kampagne betonte nicht einen wie auch immer gearteten Nationalstolz. Sie appellierte nicht an die Vaterlandsliebe, die Kampagne hieß nicht: »Tu es für Deutschland«. Die Kampagne setzte ein Identitätsthema: die Anstrengung, die Dinge besser zu machen, und verabschiedete sich davon, Deutschland als Wert an und für sich zu thematisieren. Cords und seine Mitstreiter erklärten Deutschland – bei allem überbordenden Pathos des Werbespots – eher nüchtern zu einem solidarischen Handlungs- und Bezugsraum, in dem man arbeitet, seine (Aus-) Bildung erfährt, Steuern zahlt, Fernsehen guckt … Sie zeigten: Die Qualität, die Stimmung, der Charakter des Landes hängen in entscheidendem Maße davon ab, was die Menschen daraus machen. Alle können daran teilhaben. Diese Sicht ist zwar viel weniger bombastisch als nationaler Pomp und Fahnenmeere, doch ist sie wohl auch ehrlicher und zeitgemäßer.

Das bedeutet nicht, dass die Kampagnenmacher es sich leichtmachten. Denn mit der Kampagne predigten sie gegen den gesellschaftlichen Jammertrend in Deutschland an. Nach Umfragen, so Cords, glaubten nur etwa 20 Prozent der Deutschen, selbst entscheidend zu ihrer Lebenssituation beitragen zu können. In Schweden oder in den USA hätten hingegen 70 bis 80 Prozent das Gefühl, ihres Glückes Schmied zu sein.

In dieser Hinsicht verfing die Kampagne kaum. Warum? »Du bist Deutschland«, das ist zunächst einmal eine Feststellung – statisch und ohne bestimmte Richtung. Für Kampagnensprecher Cords war das ein taktisches Moment: »Wenn wir so massiv mit einem Appell in die Öffentlichkeit gehen, mit der Grundaussage ›Du bist Deutschland‹, dann dürfen wir nicht auch noch eine Richtung anbieten oder zu einer Handlung aufrufen. Diesen Gedanken dürfen wir den Leuten gerade nicht abnehmen.

Wir sagen: Pack es an, was auch immer, wo auch immer. Darin mag man Beliebigkeit sehen, für uns war es das richtige Prinzip.«

Zwar soll sich eine Minderheit der Deutschen durch die Kampagne allgemein motiviert gefühlt haben, der aktivierende Effekt aber ist gering geblieben. So betrifft denn auch der wichtigste Kritikpunkt an der Kampagne zugleich ihre einzige eklatante Schwäche: Das gewählte Identitätsthema »Leistungswille« hinkte der Wirklichkeit hinterher. Wenn du dich voll reinkniest, wirst du erfolgreich sein – diese Botschaft, »Leistung lohnt sich«, stimmte für Millionen von Menschen nicht mehr mit ihrer Lebensrealität überein. Sie verlieren ihre Arbeitsplätze trotz großer Anstrengungen. Oder können von ihren Minijobs kein unabhängiges, sorgenfreies Leben führen. Das sozialpolitische Mantra, wer arbeitet, müsse auch davon leben können, wird von der Wirklichkeit konterkariert. Und nimmt man die Verlagerung ganzer Produktionsstätten ins preisgünstige Ausland, so haben Arbeitskräfte in diesem Bereich in Deutschland noch nicht einmal mehr die Chance, durch Lohnverzicht, Mehrarbeit oder Ähnliches zu konkurrieren – siehe Nokia Bochum.

Die patriotische Kollektivbeschwörung funktioniert also nicht, denn die Arbeitgeber, die Konzerne, die Wirtschaft, sie verhalten sich mehrheitlich nicht mehr patriotisch; die Weltwirtschaft lässt großen Unternehmen keinen Raum mehr für Patriotismus. Der Hinweis im »Du bist Deutschland«-Manifest, die Gegenwart sei kein Zuckerschlecken und Deutschland habe genug Hände, um anzupacken, wird diesem Problem nicht gerecht. Indem die Kampagne eine der größten Ursachen für die skeptische Stimmung im Land nicht anging, verlor sie an Überzeugungskraft.

Aber etwas lässt sich aus der Kampagne im Hinblick auf das Verhältnis von Integration und Identität lernen: Patriotisches Handeln, geschweige denn nationale Identität lassen sich nicht einfach herbeiwerben. Vor allem dann nicht, wenn man es wie die Kampagnenmacher bei einer Einzelaktion belässt. So finde ich es überraschend, dass »Du bist Deutschland« 2007/2008 eine Neuauflage erfuhr, diesmal aber zum Thema »Kinderfreundlichkeit«. Hatte sich das erste Anliegen zwischenzeitlich erledigt?

Von ihrer Kernaussage her hätte es die Kampagne auch in jedem anderen Land geben können, mit anderen Schauplätzen, anderen Protagonisten, doch die Botschaft wäre austauschbar: »Du bist Frankreich«. Und was legitimierte die Kampagne? Warum hatte ausgerechnet die Bertelsmann AG sie initiiert, einer der größten Medienkonzerne? Mit welchem Recht machen Medienkonzerne eine Gesellschaftskampagne? Cords' Verweis auf das »bürgerliche Engagement« der Medienbosse reicht da sicher nicht aus.

Die Welt fragte Michael Trautmann von der maßgeblich beteiligten Werbeagentur kempertrautmann: Darf Werbung die Arbeit der Politik machen? Seine Antwort: »Das kommt darauf an, welche Initiativen sich daraus entwickeln, welche Institutionen den Ball aufgreifen und die Debatte langfristig fortsetzen.«

Drei Jahre danach müssen wir feststellen, dass Deutschland die Debatte nicht langfristig fortgesetzt hat. »Du bist Deutschland« war ein Ausrufezeichen und ist dann in Vergessenheit geraten. Vielleicht hätte es der Kampagne gutgetan, neben Medienunternehmen zum Beispiel die Zivilgesellschaft mit einzubeziehen.

Die Kampagne hatte aber auch Stärken, aus denen wir lernen können. So gelang es ihr, einen Aspekt nationaler Identität nahezu perfekt zu vermitteln. Vielleicht schon so perfekt, dass ihn viele gar nicht bemerkt haben: den der Integration im modernsten Sinne. »Du bist Deutschland« war eine Kampagne für mehr nationales Selbstverständnis, die im Kern ohne Rückgriff auf den sonst üblichen Begriff von Nation auskam. Keine Mythen, keine Deutschtümelei, keine Aggression gegen andere, kein Ausgrenzen von Minderheiten, nicht die üblichen herabwürdigenden Nationenvergleiche, wie sie zum Beispiel der ehemalige Kulturchef des *Spiegel*, Matthias Matussek, in seinem Buch *Wir Deutschen. Warum uns die anderen gern haben können* auf Kosten der Briten zelebriert.

»Du bist Deutschland« sagt: Heute muss eine Identität nicht gegen eine (oder mehrere) andere entwickelt werden, wohl aber *mit* den anderen. Das ist die ganz besondere Qualität dieser Kampagne. Die Fußballweltmeisterschaft 2006 im eigenen Land können wir kurz als Lackmustest dafür nehmen. Schließlich war die Kampagne bewusst im Vorlauf zur WM geschaltet worden, und Lars Cords nimmt für sich in Anspruch, mit ihr zum »unverkrampften Patriotismus« beigetragen zu haben. Zudem wurde die WM zum größten nationalen Kollektivereignis der vergangenen Jahrzehnte, an dem eine überwältigende Mehrheit der Bevölkerung teilhatte.

Als Austragungsland stand Deutschland für einige Wochen im Rampenlicht der Weltöffentlichkeit. Zwar griffen die Deutschen auf nationale Symbole zurück, die

Deutschlandfähnchen waren allgegenwärtig. Durch die sportliche Wettbewerbssituation steigt die Identifikation mit dem Land, zu dem man hält. Das Herausragende aber war, dass diese WM-Stimmung positiv besetzt war und sich in keinster Weise gegen andere richtete. Die Deutschen lösten den WM-Slogan »Die Welt zu Gast bei Freunden« dermaßen schwerelos und selbstverständlich ein, dass selbst die sonst üblichen Vergleiche von deutschen Verteidigern mit Panzern oder Ähnlichem aus der internationalen Presse verschwanden.

Die Kampagne setzte auf ein *Identitätsthema*, das sich jeder im Land zu eigen machen konnte: den Leistungshunger. Ein solches Identitätsthema ist offen für jeden. Unabhängig von meinen sozialen, ökonomischen oder kulturellen Voraussetzungen gilt: Wenn ich bestimmte Dinge tue, bekomme ich dafür Anerkennung und fühle mich zugehörig. Dieser Ansatz öffnet Integrationskanäle. Er macht das Angebot, alle Menschen einzubinden. Dass dieses Identitätsthema möglicherweise nicht optimal gewählt war und nicht überzeugend umgesetzt wurde, dass die Verantwortlichen eine Legitimationsschwäche hatten, steht auf einem anderen Blatt. Das schwächt den konkreten Fall, aber nicht den allgemeinen Ansatz, ein Identitätsthema zu vermitteln.

Aber wie kann ein solches übergreifendes Identitätsthema aussehen?

Identität, Macht und Respekt

Der Versuchsleiter bringt mich in Kabine 6. Kabine 6 ist ein winziges Kabuff, links und rechts abgeschirmt von den anderen durch Jalousien; ein Stuhl, ein Tisch, darauf ein Bildschirm, eine Tastatur und ein weißer Plastikventilator, der auf vollen Touren läuft und mir kalte Luft ins Gesicht bläst. Ich warte. Gleich geht es los.

Zusammen mit ein paar anderen gehöre ich zur blauen Gruppe, so hat uns der Versuchsleiter eingeteilt. Es gibt noch eine grüne und eine rote Gruppe, unsere Konkurrenz. Einer wollte bei der kurzen Besprechung im Vorraum wissen, wie lange das Ganze dauert. Die anderen haben gespannt geschwiegen.

Das Thema, um das es hier gehen soll, lautet: Verbesserung der Mitbestimmung junger Leute. Das ist die offizielle Version für die Studierenden, die mit mir an dem Experiment teilnehmen. Inoffiziell geht es um den Zusammenhang von Respekt und Identität, soviel weiß ich, mehr nicht. Ich bin hoch in den Norden gereist, zur Christian-Albrechts-Universität in Kiel, denn hier am Institut für Psychologie arbeitet einer der spannendsten Identitätsforscher in Deutschland: Bernd Simon. Praktisch unbemerkt von der allgemeinen Öffentlichkeit hat er eine aufregende, reiche Gedankenwelt geschaffen. Bevor ich ihn treffe, darf ich erst mal Versuchskaninchen spielen.

Der Versuchsleiter, ein freundlicher Student, lugt zur Tür rein, klickt sich kurz über den Bildschirm, wünscht viel Spaß und überlässt mich dem Experiment und dem Ventilator.

Auf dem Bildschirm erscheint eine Einführung. Es gehe darum, junge Menschen dazu zu motivieren, sich am politischen Geschehen zu beteiligen. Dazu sollen die Gruppen jeweils ein Poster entwerfen, das Beste werde prämiert. Wir sollen einen Namen für die Gruppe vorschlagen. Ich gebe ein: »Young Power«. Wenig später meldet das Programm, dass den anderen »Young Power« am besten gefallen habe. Ich darf mich freuen, Namensspender zu sein. Danach testen wir in Gruppe Blau die Verbindung.

»Hi Leute.«

»hallo ihr da.«

»test, test, test.«

Keine Laberei, keine blöden Witze. Kurz und freundlich. Ich merke, dass ich meine Gruppe mag. Sie existiert. Als Nächstes erklärt uns das Programm, dass wir fünf Minuten Zeit haben, um Vorschläge zu machen, wie wir das Projekt angehen wollen. Ich lasse mir verschiedene Sachen einfallen wie »eine junge Partei gründen« oder »Altersquote für Abgeordnete in Parlamenten« und tippe sie fleißig in den Computer. Dann heißt es warten, der Ventilator produziert kalte Luft, während sich die anderen meine Vorschläge anschauen. Ihre Rückmeldungen sind ernüchternd: »Was du zu dem Thema denkst, interessiert mich eher wenig.« – »Ich brauche deine Vorschläge nicht wirklich, da ich schon eine feste Meinung habe.«

Obwohl ich weiß, dass dies ein Experiment ist, machen die Antworten etwas mit mir. Ich muss zugeben, ich bin ein kleines bisschen beleidigt. Ich habe mir schließlich Gedanken gemacht. Aber bevor ich die Vorschläge der anderen sehe (und mit gebotener Schärfe bewerte), erscheint eine Blitzumfrage auf dem Schirm. Ich werde gefragt, ob ich mich in der Gruppe wohl fühle und so weiter. Dann müssen wir Blauen eine Leistungsaufgabe gegen die anderen Gruppen absolvieren. Gegen die Uhr muss ich bestimmte Muster in größeren Figuren wiedererkennen, jeder Treffer gibt einen Punkt für die Gruppe. Da meine Kollegen meine Vorschläge blöd fanden, gebe ich mir keine besondere Mühe. Ich klicke mich mit mäßiger Trefferzahl wild durch die Aufgaben und warte darauf, endlich die Vorschläge der anderen zu sehen.

Stattdessen öffnet sich ein Fenster, in dem mir das Programm erklärt, dass es bei dem Versuch in Wirklichkeit um Menschen in Gruppensituationen ging, wie sie sich verhalten, wie sie reagieren. Wie reagiere ich darauf, wenn ich in der Gruppe keinen Respekt bekomme? Was macht das mit mir?

Mehr dazu wird mir Bernd Simon selbst erzählen. Zwischen seinem Sekretariat und seinem Büro gibt es einen kleinen Besprechungsraum. Die Kaffeemaschine gluckert, Plätzchen stehen bereit. Simon ist Jahrgang 1960, er trägt einen Kinnbart und eine Brille, die dunkelblonden Haare sind etwas auf dem Rückzug. Der Exstudent in mir denkt: Typ freundlicher, aber anspruchsvoller Professor. Wenn er spricht, konzentriert er sich so sehr auf seine Worte, dass sein Blick auf einem Punkt irgendwo zwischen Kaffeemaschine und Fenster ruht.

»Wir nehmen an, dass unterschiedliche Leute sich unterschiedlich verhalten, weil sie unterschiedliche Identitäten haben.« Das heißt: Identität unterliegt all unserem Verhalten und Handeln. Die Menschen identifizieren sich mit

Fußballvereinen, Religionen, Nationen, Markennamen … Deshalb feuern wir bestimmte Mannschaften an und andere nicht. Wenn starke Gruppen Minderheiten herabwürdigen, so Simon, spielt die soziale Identität eine maßgebliche Rolle. Es ist aber für Simon schwer vorstellbar, dass essentielle Zutaten einer Gesellschaft wie Loyalität, Solidarität und Gemeinsinn ohne gemeinsame Identität herzustellen sein sollen. Identität ist folglich ambivalent: Sie kann negativ, aber auch positiv wirken. In jedem Fall gilt für Simon: »Identität ist der grundlegende Prozess, der Kern, das Herzstück.« Er sieht die Nation als maßgeblich für die Identitätsbildung und -entwicklung an, weil sie mit ihrer Geschichte, ihren Mythen und Traditionen den sozialen Bezugsrahmen festlegt. Gemeint ist aber nicht mehr eine nationale Kultur, denn die ist durch Einwanderung und Globalisierung in vielen Industriestaaten hybrid geworden.

Um die Arbeit von Bernd Simon besser zu verstehen, ist ein kurzer Exkurs in seine Disziplin, die Sozialpsychologie, vonnöten. Die Sozialpsychologie hat in den vergangenen Jahrzehnten herausragende Erkenntnisse darüber gewonnen, wie Vorurteile und Beziehungen zwischen Gruppen entstehen, funktionieren und wirken. Eine der wichtigsten Fragen für die Sozialpsychologen lautet: Bestimmt die individuelle Identität die soziale (Gruppen-)Identität? Machen insofern eher die Einzelnen die Gruppe aus? Oder bedingt umgekehrt die soziale Identität die individuelle? Wird also der Einzelne von seinem Umfeld geprägt?

Seit dem Zweiten Weltkrieg haben Wissenschaftler dazu eine Reihe von Theorien aufgestellt und in Experimenten zu überprüfen versucht. Der berühmte Philosoph und Soziologe Theodor Adorno und seine Kollegen glaubten unter dem Eindruck des Zweiten Weltkriegs und dem Einfluss Erich Fromms, es gebe einen Typ von Persönlichkeit, der sich Autoritäten gleichsam lustvoll unterwerfe. Solche Persönlichkeiten würden besonders zu Vorurteilen neigen. Adorno arbeitete das Thema in dem Buch *Die autoritäre Persönlichkeit* aus: Dieser Persönlichkeitstyp werde vor allem in und durch die Familie geprägt. In der patriarchalischen Familie würden Eltern extrem harte Strafen anwenden, um die Kinder zu erziehen. Die Kinder ließen sich willfährig von den Eltern, insbesondere vom Vater, unterdrücken und richteten die unterdrückten Aggressionen dann gegen Schwächere und Minderheiten, gegen Sündenböcke.

Adorno und seine Kollegen entwickelten auch einen Fragebogen, mit dessen Hilfe die Persönlichkeit messbar gemacht werden sollte. Der Obrigkeitsglaube, preußischer Gehorsam, militaristische Familienstrukturen – sie sollten erklären, wie das Dritte Reich die Deutschen so vereinnahmen konnte.

Noch in den fünfziger Jahren widerlegten Untersuchungen die Theorie der autoritären Persönlichkeit: Unabhängig vom Grad ihrer in Tests gemessenen »autoritären Persönlichkeit« diskriminierten Weiße in den USA und Südafrika Menschen schwarzer Hautfarbe. Gleichgültig, ob sie als »autoritäre Persönlichkeit« charakterisiert waren oder nicht, hatten die einen Vorurteile gegenüber Schwarzen, die anderen nicht. Und genauso gut konnten Weiße Vorurteile gegen Schwarze haben, auch wenn sie nachweislich keine autoritäre Persönlichkeit hatten. Die Schlussfolgerungen: Die Persönlichkeit des Einzelnen, seine individuelle Identität, ist definitiv nicht allein entscheidend für sein Verhalten. Einflussreicher sind offensichtlich die zum Zeitpunkt der Betrachtung gegebenen sozialen Normen und Werte in der Gesellschaft. In den Südstaaten und in Südafrika war die Rassentrennung gesellschaftlich akzeptiert, Vorurteile über und Diskriminierungen von Schwarzen waren hier deutlich verbreiteter als zum Beispiel im Norden der USA.

Zu der Denkschule, wonach Gruppenidentitäten und -konflikte die Vorurteile und das Verhalten des Einzelnen begründen und beeinflussen, gehörte unter anderem Henri Tajfel. Tajfel, ein polnischer Jude, war aus seiner Heimat geflohen und in die französische Armee eingetreten. Dann geriet er in Gefangenschaft, die Nazis behandelten ihn aber wegen seiner Uniform als Kriegsgefangenen und nicht als Juden. Seine ganze Familie wurde getötet, er überlebte. Später ging er nach England und wurde der bis dahin einflussreichste europäische Sozialpsychologe.

Was machte Tajfel so berühmt? In verschiedenen Experimenten teilte er willkürlich zwei Gruppen ein. Die Gruppenmitgliedschaft blieb anonym. Es gab keine Gespräche unter den Probanden. Es gab keinen Anlass für den Einzelnen, die Fremdgruppe als Konkurrenz oder Bedrohung anzusehen. Dann sollten Versuchsteilnehmer aus verschiedenen Geldmengen auswählen und das Geld so unter den beiden Gruppen verteilen, wie sie wollten. Im Ergebnis schanzten die Versuchspersonen ihrer Gruppe auffällig häufiger mehr Geld zu und versuchten, den Abstand zur Fremdgruppe zu maximieren. Das heißt: Wir Menschen sind so gestrickt, dass man uns einfach nur in zwei beliebige Schubladen stecken muss, und schon konkurrieren wir. Die Sozialpsychologen sprechen vom »Paradigma der minimalen Gruppen«. In diesem Fall gibt die Mitgliedschaft in einer Gruppe den Ausschlag für das Verhalten des Einzelnen: Er identifiziert sich mit ihr und bevorzugt Mitglieder seiner Gruppe, ohne auch nur einen Einzigen aus ihr zu kennen. Das widersprach früheren Annahmen, dass Gruppen sich in einem realen Konflikt befinden müssten, um diese Reaktion hervorzurufen.

Daraus entwickelte Tajfel gemeinsam mit seinem jungen Kollegen John Turner Ende der Siebziger die Theorie der sozialen Identität. Nach Tajfels Tod entwickelte John Turner mit anderen diese Theorie entscheidend weiter. Sie gingen davon aus, dass Menschen ihre soziale Umwelt anhand von bestimmten Eigenschaften in Schubladen einteilen. Durch diese »soziale Kategorisierung« ordnen sie für sich die Welt – zugleich ordnen sie sich selbst ein, in Eigengruppen (»ingroups«) und Fremdgruppen (»outgroups«). Zu manchen Kategorien gehören sie selbst dazu – in meinem Fall zum Beispiel: männlich, studiert, Journalist, mittleres Einkommen –, zu anderen nicht. Menschen setzen sich dadurch auf unzähligen Ebenen in Bezug zu anderen. Je wichtiger sie bestimmte Aspekte nehmen, desto relevanter sind diese für ihre eigene soziale Identität.

Menschen sind folglich keine isolierten Persönlichkeiten. Sie vergleichen sich ständig mit anderen (so wie Gruppen das auch tun). Dabei versuchen sie, positive Aspekte für ihre Gruppenzugehörigkeiten herauszufiltern beziehungsweise zu entwickeln, denn sie streben nach einem positiv besetzten Selbstbild. Deshalb versuchen Menschen, die soziale Leiter aufzusteigen, ihrer Gruppe einen höheren Status zu verschaffen, ihre Gruppe in einem anderen Licht zu sehen oder sie in Beziehung zu Fremdgruppen zu setzen, die unterlegen erscheinen.

Mit diesem Denkansatz konnten die Sozialpsychologen dieser Schule die Diskriminierung unter Gruppen neu erklären: Das Patchwork der Gruppenzugehörigkeiten prägt maßgeblich die Identität jedes Einzelnen mit. Wir leben nicht im luftleeren Raum, sondern leben in sozialen Strukturen, die Gruppenhierarchien vorgeben. Diese sind häufig allgemein anerkannt; so wird ein Arzt in der Kategorie »Beruf« in der Regel deutlich mehr Anerkennung bekommen als ein Kfz-Mechaniker.

Bernd Simon versucht, diese beiden Strömungen in der Sozialpsychologie zusammenzubringen. Individuelle und kollektive Identität bedingen sich nach seinem Verständnis gegenseitig. Identität ist für ihn dabei das »Ergebnis eines Prozesses der Selbstinterpretation«. Dazu hat er das »Selbstaspekt-Modell« der Identität entwickelt. Hinter dieser etwas sperrigen Formulierung steckt folgender Gedankengang: In dem Begriff »Selbstaspekt« versucht Simon, die klassische Trennung in Kategorien kollektiver Identitäten (Religion, Geschlecht, Nationalität) und individueller Identitäten (Aussehen, Charaktereigenschaften, Fähigkeiten) zu überwinden.

Deutscher zu sein kann ein Gruppenmerkmal sein, aber ebenso ein Faktor, der mich ganz persönlich ausmacht. Der Unterschied liegt in Simons Modell woanders: Die kollektive Identität bezieht sich auf einen einzigen Selbstaspekt: nur auf die Herkunft, nur auf das Geschlecht oder nur auf die Hautfarbe. In jedem Einzelnen von uns kommen zahlreiche solcher Eigenschaften zusammen. Was die Gruppenzugehörigkeit angeht, neigen wir dazu, Menschen auf einen einzigen Selbstaspekt zu reduzieren, zum Beispiel rote Haare. Während Gruppenidentitäten ein einziges Standbein haben, können wir uns individuelle Identitäten als Tausendfüßler vorstellen. Der eine Selbstaspekt, der sowohl einen Teil von mir als auch meine entsprechende Gruppe kennzeichnet, ist das Band, das individuelle und kollektive Identität miteinander verbindet.

Diese Verbindung gleicht nicht einer Einbahnstraße, Austausch ist in beide Richtungen möglich. Simon geht von einem »kontinuierlichen, dynamischen Dialog« zwischen beiden aus. Dieser Unterhaltung können wir selbst häufig gar nicht lauschen, denn Merkmale an uns selbst, die wir nicht hinterfragen, entziehen sich unserer bewussten Wahrnehmung. Trotzdem sind Selbstaspekt und Identitätsmerkmal implizit vorhanden. Mit dem Deutschsein zum Beispiel sind viele Deutsche aber nicht im Reinen. Sofern sie diesen Selbstaspekt nicht verdrängen, kann solch eine Eigenschaft Gegenstand der Selbstbeobachtung sein. Sie kann einen Menschen auch motivieren, sich aktiv zum Teil einer sozialen Bewegung zu machen wie Simon anhand der Friedensbewegung herausgefunden hat: »Die Identität ist nicht nur ein Push-Faktor: Ich engagiere mich, weil ich eine Identität habe, sondern sie ist auch ein Pull-Faktor: Ich engagiere mich, um eine Identität zu bekommen.« Simon nennt das *Identität als Ziel*.

Heißt das, ich kann es mir regelrecht erarbeiten, Deutscher zu werden? Grundsätzlich, sagt Simon, würde das von der Theorie her funktionieren. Aber praktisch hat er Zweifel: »Stoppt den Irakkrieg! Frieden als Ziel – das ist ein konkretes Projekt. Da bin ich dafür oder dagegen. Deutschsein als Ziel – da bin ich skeptisch. Da darf nicht einer sagen: Das geht so. Das darf kein Monopol sein. Die Leute dürfen nicht in ein Projekt einsteigen, das nicht ihres ist. Um mich zu begeistern, bräuchte ich schon einen emanzipatorischen Inhalt.«

Da sind wir beim Kern der Sache: Welcher könnte das sein?

Simons Arbeit bringt uns der Antwort ein Stückchen näher, denn im nächsten Schritt hat er die Relevanz von Gruppenzugehörigkeiten für die Mitglieder von Mehrheiten und Minderheiten untersucht. Minderheiten sind zahlenmäßig kleine Gruppen, beispielsweise die Juden in Deutschland, oder Gruppen mit wenig Status und Ansehen, zum Beispiel Arbeitslose. Minderheiten sind auf die eine oder andere Art schwach. Sie werden von den Mehrheiten immer wieder auf diese Schwäche zurückgeworfen und suchen, so Simon, deshalb eher den Schutz der Gruppe.

Die eine Eigenschaft – Jude zu sein oder auch Arbeitsloser – bekommt einen besonders großen Stellenwert im Selbstverständnis derer, die diese Gruppenmitgliedschaft annehmen. Sie nehmen innerhalb der Gruppe verstärkt Gemeinsamkeiten wahr und im Vergleich zu Fremdgruppen eher die Unterschiede. In der Sozialpsychologie wird dieses Phänomen »Selbst-Stereotypisierung« genannt.

Menschen, die sich zur Mehrheit zählen, glauben hingegen eher an ihre individuelle Stärke, deren Vorteile sie ausleben wollen, und definieren sich weniger darüber, der

Mehrheit anzugehören. »Mehrheiten sehen sich selten als Gruppe«, sagt Simon, »aber wenn sie sich angegriffen fühlen, solidarisieren sie sich schnell, dann schlägt das Empire zurück.« Diese Zusammenhänge konnten Simon und Kollegen, aber auch andere Sozialpsychologen mit verschiedenen Experimenten belegen.

Dieser theoretische Ansatz eröffnet eine völlig neue Perspektive, um gesellschaftliche Veränderungen zu erklären: Millionen von Menschen sind aus der Mittelschicht abgestiegen oder haben zumindest die Angst davor erlebt. Das sind sehr individuelle Erfahrungen: die soziale Stellung zu verlieren (oder die Vorstellung, sie verlieren zu können); vom Mitglied einer Mehrheit zum Mitglied einer Minderheit abzusteigen (oder im Bewusstsein zu leben, jederzeit absteigen zu können). Dieses Krisenerlebnis kann einen Identitätswandel nach sich ziehen: weg vom westlichen Individualisten, dem nichts etwas anhaben kann, hin zu einem Menschen, der erlebt hat, dass er verletzlich ist und vielleicht doch Schutz braucht.

Viele Deutsche aus der Mittelschicht haben in den vergangenen Jahren regelrechte Minderheitserfahrungen gemacht: Sie haben Misserfolge erlitten, sie haben Schwäche und Machtlosigkeit empfunden, mussten vielleicht erfahren, auf dem Arbeitsmarkt nicht mehr vermittelbar zu sein, und die Gesellschaft hat diese Schwäche bestätigt. Sie haben sich stigmatisiert gefühlt; sie haben erlebt oder erahnt, wie sich Ausgrenzung auf sie auswirken kann. Ihre soziale Identität als solide, wichtige und mächtige Mitte wurde beschädigt. Diese Negativerlebnisse (oder deren emotionale Vorwegnahme) haben ein höheres Bedürfnis nach Schutz und Wir-Gefühl erzeugt.

Möglicherweise ist das nur eine vorübergehende Schockwirkung. Eine nachhaltige Entwicklung ist aber ebenso vorstellbar: Der angebliche Linksruck ist im Kern kein politischer Gesinnungswandel oder Protest, er ist in diesem Licht betrachtet ein Identitätswandel von Millionen Betroffenen in Deutschland. Die Minderheitserfahrung, verletzlich zu sein, mag darüber hinaus etliche Menschen sensibilisiert haben für die Situation von Minderheiten, für Ausgrenzungen und Abwertungen. Das würde auch erklären, warum Minderheiten derzeit kaum mehr als Sündenböcke herhalten müssen für die Probleme in Deutschland und warum im Gegenteil ihre Position teilweise sogar durch Integration gestärkt wird.

Wenn diese Deutung im Kern zutrifft, stützt sie die Annahme, dass wir am Beginn eines Paradigmenwechsels von der Ausgrenzung zur Integration stehen. Sie macht auch den Zeitpunkt, zu dem dies geschieht, und den Veränderungsdruck, der auf der deutschen Gesellschaft lastet, plausibel.

Diese Vorstellung gewinnt noch an Kraft, wenn wir tiefer in Simons Gedankenwelt einsteigen. Eine der grundlegenden Fragen der Sozialpsychologie lautet: Viele Menschen und Gruppen haben Vorurteile gegenüber anderen Menschen oder Gruppen. Bei einem Teil der Menschen münden diese Vorurteile in konkrete Handlungen, beim anderen Teil nicht. Bernd Simon fragte sich, was das fehlende Glied in der Kette ist, das das Verhalten so stark beeinflussen kann. Seine Antwort lautet: Macht.

»Ich muss Macht besitzen, um das, was ich von anderen denke, was ich von ihnen halte, in die Tat umsetzen zu können und damit zu sozialer Realität werden zu lassen.«

Die Verteilung der Macht ist Auslöser für viele Konflikte zwischen Gruppen.

Identität ist kein weicher Faktor. Die Macht, die Menschen ausüben, erweckt sie zum Leben. Das kann im Positiven sein wie im Negativen.

Menschen oder Gruppen, die über Macht verfügen, haben im Allgemeinen sechs Ressourcen, mit denen sie andere dazu bringen können, etwas zu tun:

1. Mächtige setzen Zwang und Belohnung ein.
2. Sie können durch ihr Amt die Legitimation haben, Macht auszuüben.
3. Sie können für andere eine Referenz sein, ein moralischer Fixpunkt, wie zum Beispiel die katholische Kirche.
4. Auch Experten haben Macht, sie sagen uns, was richtig und falsch ist.
5. Mächtige haben Zugang zu exklusiven Informationen und dadurch potentiell bessere Argumente, die sie für ihre Zwecke einsetzen können; sie haben die Kontrolle über diese Ressourcen.
6. Die Etablierten pochen für gewöhnlich auf ihre Vorrechte. Sie wollen ihren Machtvorsprung gegenüber Minderheiten behalten und die Machtstruktur erhalten, die sie selbst begünstigt. Diese Machtkomponente ist ursächlich für Diskriminierungen und Ausgrenzungen.

Für Simon hat Macht aber nicht nur eine repressive Seite – ich sage dem anderen, was er tun oder lassen soll –, sondern auch eine produktive: Ich habe die Mittel, etwas zu gestalten. Mit anderen Worten: Durch meine Macht kann ich meine Identität als Unterscheidungsmerkmal einsetzen und andere ausgrenzen. Macht erlaubt es mir aber auch, Identität so wirklich werden zu lassen, dass andere Menschen mit eingebunden werden können.

Wie gewinne ich aber den anderen für mein Ziel, wenn dieser andere abweichende Interessen hat? Das funktioniert in Simons Vorstellung nur, wenn beide Seiten auf der Grundlage eines Konsenses, auf der Basis bestimmter Werte, also einer im Grunde gemeinsamen Identität agieren.

»Machtmittel sind demnach nur gültig im Rahmen einer Gemeinschaft oder Gruppe. Sie setzen Konsens und damit Identität voraus. Jenseits dieser Wir-Grenze geht von ihnen keine Macht mehr aus«, sagt Bernd Simon.

Ein Beispiel: Politische Parteien versuchen in der Regel mit allen Mitteln, an die Macht zu kommen und ihre Standpunkte durchzusetzen. Dieser Konflikt ist aber eingebettet in die gemeinsame, übergeordnete Identität: im Falle Deutschlands nämlich, eine Demokratie zu sein, in der seriöse Parteien Wahlen anerkennen, Mehrheiten respektieren und gegen politische Gegner keine Gewalt ausüben.

Der Machtkampf hat seine Spielregeln. Diese Spielregeln sind Ausdruck der Identität. Genau dieser Zusammenhang macht den Umgang mit Terroristen so schwierig: Ihre einzige Spielregel lautet, dass es keine gibt. Es existiert keine gemeinsame Basis. Deshalb hat niemand Macht über Terroristen, während Terroristen über das Mittel der nackten Gewalt verfügen.

Im Normalfall finden Machtkämpfe also auf dem Spielfeld der Identität statt. Menschen einzubeziehen oder auszugrenzen, das ist für Simon grundsätzlich mit der Identitätsfrage verbunden. Integration und Identität sind eng miteinander verzahnt.

Demokratien basieren auf dem Mehrheitsprinzip. Dieses Charakteristikum unterstreicht das Machtverhältnis zwischen Mehrheiten und Minderheiten. Die Mehrheiten, also die Unterstützer der Mächtigen, erwarten für ihre Gunst Vorteile und Vorrechte. Solange sie die bekommen, werden bestehende Machtstrukturen dadurch gestärkt. Soziale Veränderung und Widerstand können sich aber entwickeln, wenn die Mächtigen gegen die Normen und Vorschriften verstoßen, die sich aus der gemeinsamen Identität ergeben. »Führte der Papst ein lasterhaftes Leben, würde der Kanzler nach der Wahl wortbrüchig, wäre der Professor faul und dumm«, schreibt Simon in einem Aufsatz, dann hätten die Schwächeren in den Machtgefügen, »seien es Katholiken, Wähler oder Studenten, allen Grund, Widerstand zu leisten und Veränderungen zu fordern«. Diese Machtauseinandersetzungen verhandeln beide Seiten nicht allein unter sich: Sie tun es vor der (interessierten) Öffentlichkeit, die es zu überzeugen gilt. So wird die Öffentlichkeit zum dritten Pol.

Die Macht der Mächtigen wird beschränkt durch die Verantwortung, die sie für die Minderheiten haben. Sie können nicht beliebig schalten und walten, sondern müssen sie als Faktor anerkennen. Die Mächtigen müssen die Minderheiten *respektieren.* Simon und seine Mitarbeiter haben die Wirkung von Respekt in verschiedenen Experimenten gemessen, meist in ähnlicher Form, wie ich es in Kabine 6 miterlebt habe.

Die wichtigsten Ergebnisse: Wenn Respekt formuliert

wird, wächst die Bereitschaft des Einzelnen, mit der Gruppe zusammenzuarbeiten. Er identifiziert sich stärker mit der Gruppe. Das ist übrigens unabhängig davon der Fall, ob die anderen Gruppenmitglieder die Leistung desjenigen positiv oder negativ beurteilen.

In einem Experiment teilte Simon eine Gruppe in Respektierte und Nichtrespektierte ein, und dann noch in Mitglieder mit Wahlrecht und ohne Wahlrecht. Nichtrespektierte, die aber volle Rechte genossen, identifizierten sich weniger mit der Gruppe als die Respektierten. Die Nichtrespektierten ohne Wahlrecht hatten die niedrigsten Werte, und entsprechend sank ihre Bereitschaft, in der Gruppe mitzumachen.

Simons Fazit: Der Kampf um Macht zwischen Gruppen ist auch ein Kampf um Respekt. Wird dieser Respekt, die grundsätzliche Anerkennung als Gleicher unter Gleichen, verweigert, sinkt die Bereitschaft der Schwächeren, mitzumachen und das Spielfeld, die gemeinsame Identität, anzuerkennen. Mangelnder Respekt spaltet. Die Mächtigen nutzen ihre Macht in diesem Fall repressiv, nicht produktiv. Wird aber Respekt gewährt, so bezieht das die Menschen mit ein. Der Fokus liegt dann auf gemeinsamen Zielen und Aufgaben – auf Zusammenarbeit statt Konfrontation.

Bezogen auf unser Thema, bedeutet das: Ausgrenzung ist Ausdruck fehlenden Respekts. Ausgrenzung ist eine rüde Form, Respekt zu verweigern. Auszugrenzen bedeutet, Menschen vom Spielfeld zu drängen. Ausgrenzung schwächt die gemeinsame Identität, den Zusammenhalt. Je mehr ausgegrenzt wird, desto weniger Zusammenhalt entsteht. Ausgrenzung kann die Identität zerstören. Da

Deutschland stark ausgegrenzt hat, ist der Zusammenhalt geschwächt.

Simon geht von der Anerkennung jedes Einzelnen an sich aus. Das ist ehrenwert und im aufklärerischen Sinn eine Selbstverständlichkeit. Doch die Wirklichkeit bei uns in Deutschland sieht anders aus: Ausgegrenzte sind zum Faktor in der Gleichung geworden, aber nicht um ihrer selbst willen, sondern weil die Mächtigen Respekt bekommen haben vor dem ökonomischen Schaden, den die Ausgegrenzten anrichten können. Es klingt zynisch, aber ihre Schwäche, ihre ungenutzten Potentiale haben ihnen Macht über die Mächtigen verliehen. So haben sie es in die Rechnung der Mächtigen geschafft. So sind Ausgegrenzte relevant geworden. Was ihnen schadet, schadet allen anderen auch, also müssen sie eingebunden werden, damit sie nützlich werden. Das mag moralisch verwerflich erscheinen, zuallererst aber ist es Realpolitik – und insofern als Fakt, wenn auch vielleicht unschöner, zu akzeptieren.

Von Integrationsministern, Parteien und Nichtregierungsorganisationen, von Menschenrechtlern und linken Intellektuellen wird eine »Anerkennungskultur« gefordert, die die Wertschätzung jedes Einzelnen um seiner selbst willen verlangt. Das ist eine Essenz unserer Zivilisation, ideell ein Muss und ohne jede Frage höchst erstrebenswert. Als Hebel aber hilft sie in Deutschland derzeit nicht besonders weiter. Das muss sie auch gar nicht. Für den Moment können wir vernachlässigen, aus welchen Gründen der Paradigmenwechsel weg von der Ausgrenzung und hin zur Integration geschieht, Hauptsache, er vollzieht sich! Der Prozess selbst kann eine ungeheure soziale Energie entfesseln. Wer das Ziel hat, dass möglichst alle Menschen in Deutschland als gleichwertig anerkannt werden, wer dieses humanistische Ideal in die Wirklichkeit übersetzen möchte, muss seine individuelle Macht und seine Macht als Gruppe für Integration einsetzen. Das ist kein hinreichender, aber ein notwendiger Schritt, denn echte Integration hebt bestehende Schubladen auf und erzeugt Gemeinsamkeiten und Gemeinsinn auf einer höheren Ebene.

Das Musterbeispiel dafür ist Europa: Noch im Zweiten Weltkrieg prallten die Großmächte aufeinander – Deutschland, Italien, Frankreich, Großbritannien. Wenn wir Krieg als die radikalste Form der Ausgrenzung, Vernichtungskrieg als die pervertierteste – Ausgrenzung durch Ausrottung – begreifen, dann erkennen wir, dass dieses dunkelste Kapitel bei allen eine Einsicht ermöglichte: So geht es nicht weiter. Und diese Einsicht zeitigte weitere Einsichten – und Taten: Die Großmächte müssen ihre nationalen Egoismen (ihre Gruppenidentitäten) zurückstellen. Um Frieden unter Erb- und Erzfeinden zu schaffen, müssen die Nationalstaaten in ein gemeinsames Europa integriert werden. Die übergeordnete, gemeinsame Identität, Teil Europas beziehungsweise Europäer zu sein, haben die Mächtigen friedlich in europäische Verträge und Institutionen übersetzt; sie haben die Grenzen aufgelöst und vieles mehr. Bei aller berechtigten Kritik im Konkreten – die europäische Integration ist eine Erfolgsgeschichte sondergleichen.

Fragt sich nur: Steht Deutschland am Anfang eines ähnlichen Prozesses im Inneren?

Die verspätete Identität

Deutschland hat noch keine Identität nach innen gefunden. Die Wiedervereinigung hat diesen Prozess wider Erwarten nicht beschleunigt. Im Gegenteil: Die meisten Deutschen auf beiden Seiten der Mauer hatten sich gerade damit arrangiert, ohne nationale Identität auszukommen. Der Westen hatte seinen D-Mark-Wohlstand, der Osten den Kommunismus. Beides ging zwar nach der Wende verloren, aber die deutsch-deutsche Entfremdung ist längst nicht überwunden. Wir haben ein Identitätsvakuum.

Das bestätigen im Kern auch die tiefenpsychologischen Interviews der Studie »Deutschland auf der Suche nach sich selbst« von Daniel Salber. Das Dritte Reich überschattet das deutsche Selbstverständnis. Die Stadt Dachau aber zeigt exemplarisch, dass Deutschland mit der Historie nicht nur im Rückblick, sondern auch nach vorne gerichtet umgehen kann und sollte. Die Verschmelzung von beidem kann die deutsche Identität ins Geichgewicht bringen.

Die Kampagne »Du bist Deutschland« hat die Nation nicht mehr als übergeordneten Wert an sich dargestellt. Sie hat auf hohem Niveau versucht, ein zentrales Identitätsthema zu setzen: Auch wenn es dem Land nicht so gut geht, kann jeder sich anstrengen, die Dinge besser zu machen. Sie betonte den Willen zur Nation, und da dies zumindest kurz- bis mittelfristig einen positiven Effekt gehabt hat, schließt sich daran die Frage an, ob Deutschland nicht ein nachhaltiges Identitätsthema für die Zukunft entwickeln kann, das sowohl Stimmung als auch Lebenswirklichkeit trifft und so viele Menschen im Land wie möglich emotional und praktisch anspricht und einbezieht.

Die Erkenntnisse des Sozialpsychologen Bernd Simon haben uns gezeigt, dass der Mensch nicht nur deshalb Dinge tut, weil er eine bestimmte Identität hat, er tut auch Dinge, um eine Identität zu erlangen. Millionen Bürger der Mittelschicht haben seit der Jahrtausendwende zum ersten Mal in der Geschichte der Bundesrepublik sozialen Abstieg erlebt, mitbekommen oder erahnt. Das hat ihre soziale Identität als stabiler Kern der Gesellschaft beschädigt. Sie haben Ausgrenzung erlebt, eine Erfahrung, die sie so noch nicht kannten. Dieser Bruch in der Mittelschichtsidentität kann nachhaltig das Streben nach Zusammenhalt und Integration bewirken: Identität befördert an dieser Stelle Integration. Die neue Erfahrung der Schwäche und Verletzlichkeit macht das plausibel. Wer schwach ist, sucht den Schutz der Gruppe.

Aktuell können wir das am vermeintlichen »Linksrutsch« erleben: In Deutschland suchen die Menschen, was das Soziale angeht, zunehmend den Schutz des Staates. Die Partei, die das im höchsten Maße verspricht, hat derzeit den vergleichsweise größten Zulauf: Die Linke. Die Anstrengungen der regierenden Volksparteien reichen den Wählern offenbar nicht.

Simon hat in Experimenten belegt: Wem die Gruppe mit Respekt begegnet, wer Respekt bekommt, der will auch in der Gruppe mitmachen, etwas für sie tun. Übertragen auf Deutschland heißt das: Deutschland muss mehr Respekt für verschiedenste Gruppen organisieren und glaubhaft vermitteln, um mehr Menschen einzubinden: Schüler und Frauen, Ältere und Zuwanderer, um bei den Beispielen in diesem Buch zu bleiben.

Mitte der dreißiger Jahre hat der Philosoph Helmuth Plessner Deutschland als »verspätete Nation« beschrieben, die erst weit nach England und Frankreich zu sich fand. Diese Formulierung wurde nach dem Zweiten Weltkrieg berühmt. Könnte es nicht plausibel, ja geradezu logisch sein, dass eine verspätete Nation – nach Irrwegen und nationalen Tragödien – auch zu ihrer Identität verspätet findet?

Ich bin fest davon überzeugt, dass wir mehr Einfluss nehmen können auf den gestaltbaren Teil der Identität; auf den Teil, der nicht in den Geschichtsbüchern steht.

Der Identitätsbruch, den die Mittelschicht erlebt hat, kann den Wunsch nach Integration verstärken und unterstützen. Das ist aber keine Einbahnstraße. Entwickelt sich die Integration zur führenden politischen Strategie in Deutschland, kann sie wiederum viel dazu beitragen, aus der gespaltenen eine verspätete Identität zu machen. Eine Identität, die so integrativ ist wie nötig und so wenig ausgrenzend wie möglich. Eine moderne Identität, die das Eigene wertschätzt, ohne das Andere abzuwerten.

V.

Was tun?

Bildung für alle!

Wir müssen anfangen, im großen Stil umzudenken. Wir müssen lernen, anders auf Deutschland zu blicken. Wir müssen die Politik verändern. Ausgrenzung schadet den Betroffenen und dem Land, Integration nutzt beiden. Alle Beteiligten müssen begreifen, welchen *Mehrwert* erfolgreiche Integration hat. Wir müssen viel mehr einbeziehen und viel weniger ausgrenzen. Wir müssen verhindern, dass Kinder bereits in der Grundschule nicht mithalten können und Jugendliche mit fünfzehn, sechzehn Jahren auf eine lebenslange Perspektivlosigkeit zusteuern. Ich behaupte nicht, dass es ein fertiges Rezept dafür gäbe, den Zehn-Punkte-Plan. Den gibt es nicht. Aber ich finde, wir müssen uns eingestehen, dass wir in dieser Hinsicht unbedingt besser werden müssen. Wir haben dringenden Nachholbedarf. Die Grundfesten bröckeln, sie bröckeln langsam, aber sie bröckeln schon lange. Es ist höchste Zeit, die ersten guten Ansätze der Integration zu unterstützen, zu intensivieren und auszudehnen. Wir müssen jetzt den Hebel ganz in Richtung Integration umlegen. In einem reichen Land wie Deutschland muss jeder an seine Chance glauben können – und er muss sie auch bekommen. Wir dürfen die Betroffenen nicht sich selbst überlassen. Es gibt keine überflüssigen Menschen.

Wenn ich sage, Deutschland muss sich ändern, die Politik muss sich ändern, dann müssen auch wir uns ändern. Jeder kann bei sich selbst anfangen. Beziehe ich ein? Grenze ich aus? In der Zeit, als ich dieses Buch schrieb und meine Vorstellungen Gestalt annahmen, habe ich gemerkt, wie ich begonnen habe, mich selbst zu beobachten. Verhalte ich mich ganz persönlich so, wie ich es für die Allgemeinheit für vernünftig halte? Nicht wirklich. Nicht oft genug. Aber ich ertappe mich regelmäßig dabei, wenn ich falsch handele. Und ich versuche es besser zu machen. Kleine Dinge können große Unterschiede machen. Jeder von uns kann in der Familie, im Freundeskreis, im Verein, auf der Arbeit und überall sonst integrativ auftreten und Ausgrenzung ächten. Viele tun das, es dürfen mehr werden.

Um die Ausgrenzung zu bekämpfen und einzuschränken, lassen sich zahlreiche Forderungen stellen. Viele ergeben sich aus dem bisher Gesagten. So müssen zum Beispiel Frauen bei gleicher oder gleichwertiger Arbeit so viel verdienen wie Männer. Strukturell können wir jenseits des Tellerrands Anregungen finden: Die Briten haben eine Task Force gegen soziale Ausgrenzung in der Regierung angesiedelt. Die Franzosen haben ein Identitätsministerium. Institutionen lösen selten Probleme, aber sie setzen Themen und geben ihnen eine Plattform.

Unsere Bundeskanzlerin hat keine Redenschreiber, die bisher durch überbordende Kreativität aufgefallen wären, aber ein markanter Satz von ihr ist immerhin zum Diktum geworden: »Sozial ist, was Arbeit schafft.« An dem Satz ist was dran, unbestreitbar. Ich finde auch, dass »Stütze« und Sozialprogramme allein heute nicht mehr sozial sind. Aber: Wir müssen Angela Merkels Satz steigern: Am sozialsten ist, was Bildung schafft. Bildung geht der Arbeit heute mehr und mehr voraus.

Merkel versucht inzwischen, das Thema Bildung ins Zentrum der Politik zu rücken. Anlässlich des Bildungsberichts 2008 erklärte sie den Ausbau des Bildungssektors zur zentralen politischen Aufgabe der nächsten Jahre: »Wir müssen die Bildungsrepublik Deutschland werden.«

Bildung wird in Deutschland mehr und mehr zur notwendigen Voraussetzung für qualifizierte Arbeit und ist insofern alternativlos. Gute, gerechte Bildung ist eine Chancenmaschine. Bildung wirkt, so banal das klingt, wie ein Allheilmittel gegen Ausgrenzung, aber auch gegen viele wichtige Probleme in unserer Gesellschaft. Bildung ist das ultimative Vorsorgeprogramm, das belegen zahlreiche Studien in den verschiedensten Gebieten. Besser gebildete Menschen haben mehr Berufschancen und sind weniger arbeitslos; sie leben gesünder, sie begehen weniger Straftaten. Sie sind toleranter und respektvoller gegenüber anderen. Sie lassen sich nicht so leicht ausgrenzen und grenzen weniger aus. Gebildete engagieren sich stärker sozial und politisch.

Das ist in keinster Weise ein Vorwurf gegen weniger Gebildete. Es soll nur das Veränderungspotential für Deutschland deutlich werden. Bildung ist auf lange Sicht der Integrator Nummer eins. Bildung verleiht Kompetenzen, auf den unterschiedlichsten Niveaus. Bildung geht heute in Deutschland der Chance auf persönliche Entfaltung voraus. Bildung anzubieten ist der Grundstein, auf dem wir ein zukunftsfähiges Deutschland aufbauen können.

Geld und Energie in Bildung zu stecken ist eine Investition, die sich für alle lohnt. Sie erzeugt eine einzigartige politische Win-win-Situation. Bildung ist ein Gewinn für die Wirtschaft, weil die Unternehmen besser qualifizierte

Mitarbeiter bekommen. Bildung ist ein Gewinn für den Staat, weil er zufriedenere Bürger haben wird und absehbar weniger Sozialkosten tragen muss. Bildung ist am sozialsten, weil sie Teilhabe ermöglicht und Zugehörigkeit stärkt.

Im Klartext: Bestmögliche Bildung ist die eierlegende Wollmilchsau für ein ressourcenarmes Land wie Deutschland. Sie ist die Antwort auf globalisierte Verhältnisse. Worauf warten wir also noch?

Obwohl alle wissen, was zu tun ist, passiert bei weitem nicht genug. Martin Spiewak schreibt in der *Zeit:* »Der Kern der Schule, der Unterricht, die Auswahl und Ausbildung der Pädagogen, die Lehrbücher und Curricula sind von den Debatten seltsam unberührt geblieben.« Nur ein Beispiel: Angehende Lehrer verbringen nach wie vor während ihres gesamten Studiums nur zehn Wochen in der Schule. Die Reformen in der Lehrerausbildung werden erst nach 2010 wirksam. Das Reformtempo ist schneckenhaft.

Bildung, Bildung, Bildung. Das gehört inzwischen zum Standardrepertoire der Politik. Und es wäre ein Fehler zu sagen, seit PISA sei nichts passiert. Doch es reicht hinten und vorne nicht. Das ist dumm. Das ist schädlich. Das ist unverantwortlich. Untersuchungen haben schon vor Jahren belegt, dass Kinder in Deutschland nicht nach ihrer Leistung, sondern nach ihrer ethnischen oder sozialen Herkunft benotet werden. Wo ist die systematische Bekämpfung dieser gemeinsten aller Ungerechtigkeiten? Wo ist ein flächendeckendes Qualitätsmanagement für Benotungen? Wo sind Weiterbildungsangebote für Lehrer, damit falsche Bewertungen weniger werden?

Die Alarmglocken im deutschen Bildungssystem müssen lauter und früher läuten. Die flächendeckende Sprachstandserhebung bei Vierjährigen ist ein wichtiger Schritt in diese Richtung. Es darf nicht der letzte bleiben. Einer verpflichtenden frühkindlichen Bildung muss der größtmögliche Schwerpunkt gelten. Den Kindern hilft ein kräftiger Anschub am Anfang mehr, als hinterher Förderunterricht zu bekommen. Je später wir ansetzen, desto schwieriger wird es. Daran haben die Jugendsozialarbeiter in der Kompetenzagentur Herne keinen Zweifel gelassen.

Setzen wir diesen Schwerpunkt. Und setzen wir ihn schnell und konsequent. Kinder lernen am besten in der sensiblen Phase, etwa bis sie zehn Jahre alt sind. Sie sind in dieser Zeit am besten zugänglich und aufnahmefähig für Information. Kinder lassen sich am leichtesten prägen. Bis zum achtzehnten Lebensjahr erarbeiten Kinder sich das Fundament für weitere Lebenschancen, durch Schulabschluss, Ausbildung oder andere Aktivitäten, zum Beispiel in Vereinen. In dieser Zeit entwickeln sie maßgeblich ihren Charakter, ihre Einstellungen und Vorstellungen. Wollen wir ein integratives Land sein – dann müssen unsere Kinder lernen, was das im Alltag bedeutet. Sie müssen es leben.

Ich finde es völlig absurd: In nahezu jeder Stellenanzeige heißt es, Teamfähigkeit sei eine erwünschte Grundvoraussetzung. Aber wo, bitte schön, haben wir das denn gelernt? Wir wollen keine Jugendgewalt. Aber das Antiaggressionstraining gibt es meist erst dann, wenn ein Jugendlicher schon auffällig geworden ist. Wir verlangen Respekt und wehrhafte Toleranz, belastbare Konfliktfähigkeit und einen konstruktiven Umgang mit Vorurteilen. Aber uns hat keiner beigebracht, wie wir diese Dinge aktiv gestalten. Wir müssen (uns) integrieren lernen. Wir wollen, dass jeder im Land die Demokratie schätzt und hochhält. Eine lebensnahe Demokratieerziehung aber kommt zu kurz.

Die Arbeit von Sibylle Wanders und »Gewaltfrei Lernen« in Köln zeigt, dass gerade junge Kinder im Grundschulalter und noch davor enorm zugänglich sind für das praktische Erlernen bestimmter Fähigkeiten. Ich stelle mir ein Fach »soziale Kompetenz« vor, das sich von der ersten bis zur letzten Klasse durchzieht. Dieses Fach kann sich dadurch auszeichnen, enorm praxisorientiert und spielerisch zu sein, die Ganztagsschule bietet dafür Zeit und Raum. Es orientiert sich an der Lebenswirklichkeit der Schüler, an echten Situationen. Respekt, Toleranz, Streitschlichtung, Konfliktfähigkeit, Antigewalttraining, Teambuilding, Solidarität, »angewandte« Sozialpsychologie bei Vorurteilen, Einstellungen, Gruppenkonflikten; Demokratieerziehung und Demokratie erleben. Die Liste ist lang. Es gibt viele alltagsrelevante und grundlegende Themen, die in so einem Fach gebündelt werden können.

Darüber hinaus ist die weiterführende Schule Teil des Problems der Ausgrenzung. Sie produziert Verlierer aller Art. Die weiterführende Schule muss unbedingt zum Teil der Lösung werden. Wir brauchen einen Systemwechsel. Die Hauptschule ist tot. Und wo sie es noch nicht ist, muss sie weg. Ebenso die Förderschule, die kaum noch etwas anderes als ein Abstellgleis ist. Damit liegt auch das selektive, mehrgliedrige Schulsystem in Deutschland im Sterben. Alle Schulminister der Bundesländer und alle Bildungspolitiker müssen diese Realität anerkennen und daraus schnell und systematisch Konsequenzen ziehen. Die Gemeinschaftsschule Kellinghusen und andere Schulen ihrer Art sollten motivierende Beispiele dafür sein, dass Schule auch anders funktionieren kann. Schule kann und muss integrieren. Mehr Wir-Gefühl, mehr Zusammenhalt, mehr Respekt voreinander, unabhängig von der Leistungsfähigkeit. Schulleiter Jacoby sieht gute Ansätze dafür, dass die Gemeinschaftsschule Kindern und Jugendlichen dieses Gefühl und diese Fähigkeiten vermitteln kann. Das sollte uns ermutigen, die Gemeinschaftsschule zu unterstützen, damit sie langfristig ein Erfolg wird. Dazu gehört auch, die Pädagogen in Kellinghusen und anderswo nicht im Regen stehen zu lassen mit dieser großen und wichtigen Aufgabe. Hier braucht es Mittel und Wege, die Lehrer einerseits zu entlasten und sie andererseits besser fit zu machen für ihre neue Rolle.

Gleichzeitig ist darauf zu achten, dass die Gemeinschaftsschule ihren Ansatz auch durchhält, *jeden* individuell zu fördern. Das heißt, auch die guten und sehr guten Schüler brauchen ihre Herausforderungen. Deutschland braucht in Zukunft mehr denn je kluge Köpfe, in der Breite und in der Spitze.

Systemveränderungen sind schön und gut. Systeme sind aber immer nur so gut wie die Menschen, die sie leben. Wir brauchen bessere Lehrer, motiviertere Lehrer, akzeptiertere Lehrer, wir brauchen mehr Lehrer. Dafür müssen wir Anreize schaffen, zum Beispiel durch leistungsbezogene Prämien. In der Lehrerausbildung wurden grundlegende Reformen verschlafen. Das ist deshalb besonders dramatisch, weil die Chance verpasst wurde, durch den Generationenwechsel einen pädagogischen Quantensprung zu schaffen. Für viele Kinder und Jugendliche ist es leider schon fünf nach zwölf.

Wir brauchen mehr Geld, und daran sollte es im reichen Deutschland eigentlich als Letztem mangeln. Trotzdem sind die Bildungsausgaben in den vergangenen Jahren relativ gesunken. Was läuft da schief?

Bildung kostet. Aber sie kostet nachweislich weit weniger als die wirklich teuren Sozialprogramme, die erst dann ins Spiel kommen, wenn das Kind schon in den Brunnen gefallen ist. Das Argument ist nicht neu. Aber dadurch wird es nicht falsch.

Im Laufe der Zeit sammeln sich bei vielen Jugendlichen Probleme inner- und außerhalb der Schule an. Jugendfreizeitangebote und entsprechende Sozialarbeit wurden an vielen Orten eher abgebaut statt aufgebaut. Das ist der falsche Weg, da wurde am falschen Ende gespart. Beim Übergang von der Schule in die Ausbildung kommt es dann zum Knall. Unternehmer wollen keine Problemjugendlichen – wenn sie die Wahl haben, nehmen sie die starken Bewerber und nicht die mittelmäßigen. So bleiben Jugendliche in den berufsvorbereitenden Warteschleifen hängen. Auch hier ist Besserung vonnöten. So wie wir die Jugendlichen früher und besser fördern müssen, bevor die Probleme sich häufen, dürfen wir sie im Moment des Übergangs nicht alleinlassen. So wie wir bei der Sprachstandserhebung für Vierjährige flächendeckend und systematisch vorgehen, sollten wir das auch mit Schulabgängern tun. Hast du eine Lehrstelle? Warum bekommst du keine? Wie geht es weiter? Jugendliche mit bürokratischen Anmeldeformularen und langen Wartefristen abzuschrecken verringert vielleicht den Aufwand für die Behörden, den Betroffenen hilft es nicht. Die Beratung muss offensiv sein und darf sich nicht verstecken.

In Deutschland können und wollen wir uns selbst nicht mehr über das Deutschsein an sich begreifen. Hitler hat diese Option zerstört. Die Zeiten haben sich geändert. Im Zuge der Einwanderung hat der Gesetzgeber das alte Blutsrecht auch rechtlich aufgehoben und im Grundsatz durch das Geburtsortsprinzip ersetzt: Wer in Deutschland geboren wird, ist zunächst auch einmal Deutscher, unabhängig von der Abstammung der Eltern.

Wir können uns aus verschiedenen Gründen nicht mehr ethnisch identifizieren. Diesen Identitätskern gibt es nicht mehr. War es das mit der deutschen Identität – oder besteht sie doch darin, dass sie nicht mehr da ist, wie viele meinen?

Nicht unbedingt. Erfolgreiche Einwanderungsländer haben es geschafft, ein hochintegratives Identitäts*thema* zu setzen – die Kampagne »Du bist Deutschland« hat es zumindest versucht. In den USA zum Beispiel war das identitätsstiftende Thema der amerikanische Traum: das Versprechen, dass sozialer Aufstieg für jeden möglich ist, wenn derjenige sich nur anstrengt und sich an die Regeln hält – »work hard and play to the rules«. Dieses Versprechen konnten die USA häufig nicht einlösen, aber immerhin doch oft genug, dass es bis heute *der* Mythos der USA ist. Dieses Identitätsthema »Aufstieg«, das sich in einem einfachen Satz formulieren lässt, hat unvorstellbare Energien bei unzähligen Menschen freigesetzt. Seine Anziehungskraft ist – bei allen sozialen Risiken, die die USA auch ausmachen – ungebrochen. Das liegt sicher auch darin begründet, dass dieses Thema eine ganz eindeutige Akzentuierung hat: Es ist nach vorn gerichtet, in die Zukunft. Wer will, kann es als Handlungsanweisung verstehen.

Natürlich hinken Vergleiche, und es gibt allerlei berechtigte Kritik am »American Dream«. Ich will hier aber nicht die altbekannten Argumente abwägen, sondern den Faden weiterspinnen: Lässt sich die amerikanische Erfahrung übertragen? Ist es vorstellbar, dass Deutschland ein solches zukunftsgerichtetes Identitätsthema finden und prägen kann? Ein Thema, das eine herausgehobene Rolle spielen darf?

Warum eigentlich nicht?

Dabei kann Deutschland die USA nicht einfach kopieren, das ist klar. Für mich stehen deshalb drei andere Themen zur Auswahl: Bildung, Bildung und Bildung. Ich will auch erklären, warum. Ich meine nicht Bildung als humanistisches Ideal, als Elitenprivileg, sondern als ganz konkrete Befähigungspolitik für alle, den jeweiligen Neigungen und beruflichen Bedürfnissen entsprechend.

Das Identitätsthema Bildung ist nach innen hoch integrativ. Nach außen ist es nicht bedrohlich, wie es etwa Nationalismen oder Chauvinismen sind. Natürlich stehen die Bildungssysteme im Wettbewerb, natürlich suchen internationale Eliteeinrichtungen weltweit nach den besten Köpfen. Bildung ist aber im Kern ein zutiefst sozialverträgliches, friedliches Thema.

Bildung findet in Deutschland ein breites Fundament, was die Historie und die Anerkennung für das Thema angeht. Deutschland ist immer noch das Land der Dichter und Denker. In dieser Tradition sind Schulen, Ausbildungsgänge, Vereinsarbeit und Universitäten hoch angesehen. Das Land der Dichter und Denker könnten wir doch in die Gegenwart übersetzen, so wie Dachau die KZ-Gedenkstätte übersetzt in ein Institut für Konfliktforschung.

Bessere Bildung und Bildungschancen – das kann ein übergeordnetes Ziel sein, wie die Sozialpsychologen sagen, auf das sich die Energie und der Wille verschiedener Gruppen richtet. Deutschland sollte größtmögliche Anstrengungen unternehmen, um die Bildung nicht nur verbal, sondern endlich auch faktisch vom Rand in die Mitte der Politik zu rücken. »Du bist Deutschland« litt an mangelnder Legitimation. Politische Parteien, zivilgesellschaftliche Organisationen, Bildungseinrichtungen, Schüler-, Studierenden-, Eltern- und Lehrerverbände, Medien, Unternehmen, Gewerkschaften und Stiftungen könnten in einer konzertierten Anstrengung sehr viel mehr Legitimation in die Waagschale werfen. Um Bildung als Identitätsthema vor tagespolitischen Schwankungen zu schützen, können CDU/CSU, SPD, FDP, Grüne und Die Linke in diesem Punkt einen Allparteienkonsens verabreden.

Zudem ist das Bildungsthema in Deutschland auf absehbare Zeit positiv besetzt. Das Identitätsthema Bildung trifft das Klima in Deutschland wie kein anderes. Die Menschen wollen gute Bildung für sich und für ihre Kinder. Jeder kann aktiv an Bildung teilhaben und sie für sich gestalten. Es gibt auch einen starken Anreiz, sich zu bilden und weiterzubilden. Jobs für Niedrigqualifizierte werden in Deutschland immer weniger, und sie sind schlecht bezahlt. Das ist für jeden ersichtlich. Bildung und Qualifikation sind der Weg zum besseren Job. Insofern stellt sich das Thema Bildung für viele Menschen von allein. Bildung ist heute und in Zukunft der vielversprechendste Weg, in unserer Gesellschaft eine Chance zu bekommen. Bildung ist damit absolut zukunftsgerichtet. Bildung ist kein Identitätsthema, das über den Dingen schwebt und wabert. Jeder kann, egal, auf welchem Niveau, sich bilden. Jeder kann an diesem Identitätsthema teilhaben.

Ich glaube, dass wir ergänzend eine bessere Politik der Gefühle brauchen. Zu viele Menschen fühlen sich in ihrer Lebenssituation, mit ihren Sorgen und Ängsten alleingelassen und nicht ernst genommen. »Kein Vaterland, nirgends« – das stand am Anfang dieses Buches. Die positiven Ansätze der Integration erlauben es aber, an eine gerechtere, modernere Nation zu denken, die verspätet zu ihrem neuen Selbst findet.

Dank

Ich bedanke mich ganz herzlich bei meinen Interviewpartnern, die sich viel Zeit für mich genommen haben: Manuel, Silke K. und Martina; Andreas Borghoff, Frank Köhler, Isabella Pacha und Kerstin Romberg-Giese von der Kompetenzagentur Herne; Sibylle Wanders und Oliver Henneke von »Gewaltfrei Lernen«; Petra Fobbe und Rolf Jacoby von der Gemeinschaftsschule Kellinghusen; Daniel Salber vom Rheingold Institut; Wolfgang Grubwinkler von Identität und Image, Günther Domcke und Tobias Schneider von der Stadt Dachau sowie Andreas Kreutzkam vom Bürgerforum Dachau; Lars Cords von »Du bist Deutschland« sowie Bernd Simon von der Christian-Albrechts-Universität Kiel.

Ich bedanke mich außerdem bei allen, die im Hintergrund zum Entstehen dieses Buches beigetragen haben.

Mein größter Dank gilt meiner Frau Stefanie – für alles.

Ausgewählte Literatur

Arbeitsstelle Kinder- und Jugendkriminalitätsprävention (Hrsg.), *Strategien der Gewaltprävention im Kindes- und Jugendalter. Eine Zwischenbilanz in sechs Handlungsfeldern,* Deutsches Jugendinstitut, München, 2007.

Autorengruppe Bildungsberichterstattung (Hrsg.), *Bildung in Deutschland 2008. Ein indikatorgestützter Bericht mit einer Analyse zu Übergängen im Anschluss an den Sekundarbereich I,* W. Bertelsmann Verlag, Bielefeld, 2008.
Download: http://www.bildungsbericht.de/daten2008/bb_2008.pdf

Becker, Julia / Wagner, Ulrich / Christ, Oliver, »Nationalismus und Patriotismus als Ursache von Fremdenfeindlichkeit«, in: Wilhelm Heitmeyer (Hrsg.), *Deutsche Zustände. Folge 6,* Edition Suhrkamp, Frankfurt am Main, 2007, S. 131–149.

Bingül, Birand, »Deutschtürken, kämpft selbst für eure Integration!«, in: *Die Zeit*, 25. 1. 2007, S. 57 ff.

Böhnke, Petra: »Marginalisierung und Verunsicherung. Ein empirischer Beitrag zur Exklusionsdebatte«, in: Heinz Bude / Andreas Willisch (Hrsg.), *Das Problem der Exklusion,* Hamburger Edition, Hamburg, 2006, S. 97–120.

Bommes, Michael / Schiffauer, Werner (Hrsg.), *Migrationsreport 2006: Fakten – Analysen – Perspektiven,* Campus Verlag, Frankfurt am Main, 2006.

Buchen, Stefan / Mayr, Sonia / Rudolph, Maike, *»Politiker wollen Hauptschule retten«,* Fernsehbeitrag in: *Panorama* Nr. 694 vom 6. 3. 2008, ARD/NDR.
Download: http://daserste.ndr.de/panorama/archiv/2008/erste9676.pdf

Bude, Heinz, *Die Ausgeschlossenen. Das Ende vom Traum einer gerechten Gesellschaft,* Hanser Verlag, München, 2008.

Bude, Heinz / Willisch, Andreas (Hrsg.), *Das Problem der Exklusion,* Hamburger Edition, Hamburg, 2006.

Bude, Heinz/ Willisch, Andreas, »Das Problem der Exklusion«, in: ebd., S. 7–26.

Bundesamt für Migration und Flüchtlinge (Hrsg.), *Integrationsaktivitäten des Bundes 2006. Bestandsaufnahme im Rahmen der Interministeriellen Arbeitsgruppe Integration,* Nürnberg, 2007.

Bundesministerium für Familie, Senioren, Frauen und Jugend (Hrsg.), *Entgeltungleichheit zwischen Frauen und Männern. Einstellungen, Erfahrungen und Forderungen der Bevölkerung zum »gender pay gap«,* Berlin, 2008.
Download: http://www.bmfsfj.de/bmfsfj/generator/Redaktion BMFSFJ/Abteilung4/Pdf-Anlagen/entgeltungleichheitsinusstudie,property=pdf,bereich=,sprache=de,rwb=true.pdf

Comité International de Dachau / Distel, Barbara (Hrsg.), *Konzentrationslager Dachau 1933 bis 1945. Text- und Bilddokumente zur Ausstellung, mit CD*, Karl M. Lipp Verlag, München, 2005.

Cornelißen, Waltraud (Hrsg.), *Gender Datenreport. Kommentierter Datenreport zur Gleichstellung von Frauen und Männern in der Bundesrepublik Deutschland,* Bundesministerium für Familie, Senioren, Frauen und Jugend, Berlin, 2005.
Download: www.bmfsfj.de

Crawshaw, Steve, *Ein leichteres Vaterland. Deutschlands Weg zu einem neuen Selbstverständnis,* Campus, Frankfurt am Main, 2005.

Dieckmann, Friedrich, *Was ist Deutsch? Eine Nationalerkundung,* Suhrkamp, Frankfurt am Main, 2003.

Fritschi, Tobias / Stutz, Heidi / Schmugge, Susanne, *Gesellschaftliche Kosten der Nichtintegration von Zuwanderinnen und Zuwanderern in Kommunen,* Büro für Arbeits- und sozialpolitische Studien (BASS), Bern, 2007.

Füller, Christian, *Schlaue Kinder, schlechte Schulen. Wie unfähige Politiker unser Bildungssystem ruinieren – und warum es trotzdem gute Schulen gibt,* Droemer Knaur, München, 2008.

Grabka, Markus M. / Frick, Joachim R., »Schrumpfende Mittelschicht – Anzeichen einer dauerhaften Polarisierung der verfügbaren Einkommen?«, in: *Wochenbericht* des Deutsches Instituts für Wirtschaftsforschung, Nr. 10/2008, Berlin, S. 101–108.

Grünewald, Stephan, *Deutschland auf der Couch. Eine Gesell-*

schaft zwischen Stillstand und Leidenschaft, Campus, Frankfurt am Main, 2006.

Heitmeyer, Wilhelm (Hrsg.), *Deutsche Zustände. Folge 6,* Suhrkamp, Frankfurt am Main, 2007.

Heitmeyer, Wilhelm, »Die Ideologie der Ungleichwertigkeit. Der Kern der Gruppenbezogenen Menschenfeindlichkeit«, in: ebd., S. 36–44.

Heitmeyer, Wilhelm / Endrikat, Kirsten, »Die Ökonomisierung des Sozialen. Folgen für ›Überflüssige‹ und ›Nutzlose‹«, in: ebd., S. 55–72.

Heitmeyer, Wilhelm / Mansel, Jürgen, »Gesellschaftliche Entwicklung und *Gruppenbezogene Menschenfeindlichkeit:* Unübersichtliche Perspektiven«, in: ebd., S. 13–35

Heitmeyer, Wilhelm (Hrsg.), *Deutsche Zustände. Folge 5,* Suhrkamp, Frankfurt am Main, 2007.

Heitmeyer, Wilhelm, »Was hält die Gesellschaft zusammen? Problematische Antworten auf soziale Desintegration«, in: ebd., S. 37–50.

Heitmeyer, Wilhelm, *Deutsche Zustände. Folge 4,* Suhrkamp, Frankfurt am Main, 2007[2].

Herles, Wolfgang, *Wir sind kein Volk. Eine Polemik,* Piper, München, 2004.

Hradil, Stefan, *Soziale Ungleichheit in Deutschland,* VS Verlag für Sozialwissenschaften, Wiesbaden, Nachdr. d. 8. Aufl., 2005.

Huntington, Samuel P., *Who Are We? Die Krise der amerikanischen Identität.* Hamburg: Europa Verlag, 2004

Hurrelmann, Klaus / Albert, Mathias, *Jugend 2006. 15. Shell-Jugendstudie. Eine pragmatische Generation unter Druck,* Fischer, Frankfurt am Main, 2006.

Jacoby, Rolf, *Konzeption der Gemeinschaftsschule in Kellinghusen,* 2007.
Download: http://www.albinus-realschule.de/Konzept%20 Kellinghusen %20mit%20Erlaeuterungen.pdf

James, Harold, *Deutsche Identität 1770–1990,* Campus, Frankfurt am Main, 1991.

Keupp, Heiner u. a., *Identitätskonstruktionen. Das Patchwork der Identitäten in der Spätmoderne,* Rowohlt, Reinbek bei Hamburg, 1999.

Klinger, Nadja / König, Jens, *Einfach abgehängt. Ein wahrer*

Bericht über die neue Armut in Deutschland, Rowohlt Berlin, 2006.

Kommission der Europäischen Gemeinschaften, *Bericht der Kommission an den Rat, das Europäische Parlament, den europäischen Wirtschafts- und Sozialausschuss und den Ausschuss der Regionen zur Gleichstellung von Frauen und Männern – 2008.*
Download: http://ec.europa.eu/employment_social/gender_equality/docs/com_2008_0010_de.pdf

Konsortium Bildungsberichterstattung (Hrsg.), *Bildung in Deutschland. Ein indikatorgestützter Bericht mit einer Analyse zu Bildung und Migranten,* W. Bertelsmann Verlag, Bielefeld, 2006.
Download: http://www.bildungsbericht.de/daten/gesambericht.pdf

Kronauer, Martin, »*Exklusion* als Kategorie einer kritischen Gesellschaftsanalyse. Vorschläge für eine anstehende Debatte«, in: Heinz Bude / Andreas Willisch (Hrsg.), *Das Problem der Exklusion,* Hamburger Edition, 2006, S. 27–45.

Kronenberg, Volker, »Patriotismus und Außenpolitik. Das »europäische Deutschland« auf der Suche nach sich selbst«, in: *Zeitschrift für Politik,* Jg. 54, Heft 1, 2007,S. 62–75.

Lammert, Norbert (Hrsg.), *Verfassung, Patriotismus, Leitkultur. Was unsere Gesellschaft zusammenhält,* Hoffmann & Campe, Hamburg, 2006.

Lauterbach, Karl, *Der Zweiklassenstaat. Wie die Privilegierten Deutschland ruinieren,* Rowohlt Berlin, 2007.

Loeffelholz, Hans Dietrich von / Thränhardt, Dietrich, *Kosten der Nicht-Integration ausländischer Zuwanderer,* Ministerium für Arbeit, Gesundheit und Soziales des Landes Nordrhein-Westfalen, Düsseldorf, 1996.

Matussek, Matthias, *Wir Deutschen. Warum uns die anderen gern haben können,* S. Fischer, Frankfurt am Main, 2006.

Merkel, Angela, *Rede von Bundeskanzlerin Merkel beim internationalen Symposium »Integration durch Bildung«,* 16. 10. 2007.
Download: http://www.bundesregierung.de/Con tent/DE/Rede/2007/10/2007-10-16-rede-bkin-symposium-integration-durch-bildung.html

Merkel, Angela, Ohne Titel, in: Norbert Lammert (Hrsg.), *Verfassung, Patriotismus, Leitkultur. Was unsere Gesellschaft zusammenhält,* Hoffmann & Campe, Hamburg, 2006, S. 170 bis 177.

Mommsen, Wolfgang J., »Wandlungen der nationalen Identität«, in: Werner Weidenfeld (Hrsg.), *Die Identität der Deutschen,* Goldmann, München, 1983, S. 170–192.

Müller, Matthias / Braun, Frank, *Lokales Übergangsmanagement – Handlungsbedarf und Handlungsspielräume,* Deutsches Jugendinstitut, München, 2007.
Download: http://www.dji.de/bibs/276_8302_Expertise_Uebergangsmanagement.pdf

Nida-Rümelin, Julian, *Humanismus als Leitkultur. Ein Perspektivenwechsel,* C. H. Beck, München, 2006.

Niessen, Jan / Huddleston, Thomas/ Citron, Laura, *Migrant Integration Policy Index 2006–2007.*
Download:http://www.integrationindex.eu/multiversions/2712/FileName/MIPEX-2006-2007-final.pdf

OECD (Hrsg.), *OECD-Wirtschaftsbericht Deutschland 2008,* Paris, 2008.

OECD (Hrsg.), *Education at a Glance 2007. OECD Indicators.* (Deutsch: Bildung auf einen Blick 2007), Paris 2007.
Download: http://www.oecd.org/dataoecd/4/55/ 39313286.pdf

OECD (Hrsg.), *International Migration Outlook,* SOPEMI Edition. Paris, 2007.

Prantl, Heribert, *Kein schöner Land. Die Zerstörung der sozialen Gerechtigkeit,* Droemer Knaur, München, 2005.

Prenzel, Manfred u. a., *PISA 2006. Die Ergebnisse der dritten internationalen Vergleichsstudie,* Waxmann, Münster, New York, München, Berlin, 2007.

Prenzel, Manfred u. a., *PISA 2003. Der Bildungsstand von Jugendlichen in Deutschland – Ergebnisse des zweiten internationalen Vergleichs,* Waxmann Münster, New York, München, Berlin, 2004.

Salber, Daniel, *Deutschland auf der Suche nach sich selbst. Eine Nation, die eigentlich keine sein kann,* Schriftenreihe der Identity Foundation, Bd. 9, Düsseldorf, 2007.

Schäuble, Wolfgang, »Deutschland – leidet es unter seiner Kultur?«, in: Norbert Lammert (Hrsg.), *Verfassung, Patriotismus,*

Leitkultur: Was unsere Gesellschaft zusammenhält, Hoffmann & Campe, Hamburg, 2006, S. 222–227
Schröder, Gerhard, *Nation, Patriotismus, Interesse. Rede des SPD-Parteivorsitzenden und Bundeskanzlers bei der Diskussion »Nation, Patriotismus, Demokratische Kultur«,* 8. Mai 2002. Download: http://www.zeit.de/reden/gesellschaft/200220_schroeder_patriotismus
Schwenkter, Björn, »Der Ernährer hat ausgedient«, in: *Die Zeit,* 29. 6. 2006.
Download: http://www.zeit.de/2006/27/Demografie-4
Simon, Bernd (Hrsg.), *Macht. Zwischen aktiver Gestaltung und Missbrauch,* Hogrefe, Göttingen, 2007.
Simon, Bernd, »Macht, Identität und Respekt«, in: ebd. S. 47–66.
Simon, Bernd, »Respect, Equality, and Power: A social psychological perspective«, in: *Gruppendynamik und Organisationsberatung. Zeitschrift für angewandte Sozialpsychologie,* 38. Jg., Heft 3, Wiesbaden, 2007, S. 309–326.
Simon, Bernd, *Identity in Modern Society. A Social Psychological Perspective,* Blackwell, Oxford 2004.
Simon, Bernd / Klandermans, Bert, »Politicized Collective Identity. A Social Psychological Analysis", in: *American Psychologist,* Vol. 56, No. 4, Washington, DC, 2001 S. 319–331.
Solga, Heike, »Ausbildungslose und die Radikalisierung ihrer sozialen Ausgrenzung«, in: Heinz Bude / Andreas Willisch (Hrsg.), *Das Problem der Exklusion,* Hamburger Edition, 2006, S. 121–146.
Solga, Heike, *Ohne Abschluss in die Bildungsgesellschaft. Die Erwerbschancen gering qualifizierter Personen aus soziologischer und ökonomischer Perspektive,* Barbara Budrich, Opladen, 2005.
Spiewak, Martin, »Macht die Schule stark!«, in: *Die Zeit,* 21. 2. 2008.
Download: http://www.zeit.de/2008/09/B-Schuelerintegration
Süssmuth, Rita, *Migration und Integration: Testfall für unsere Gesellschaft,* dtv, München, 2006.
Tietze, Nikola, »Ausgrenzung als Erfahrung. Islamisierung des Selbst als Sinnkonstruktion in der Prekarität, in: Heinz Bude / Andreas Willisch, *Das Problem der Exklusion,* Hamburger Edition, 2006, S. 147–173.

Thadden, Rudolf von, »Das schwierige Vaterland«, in: Werner Weidenfeld (Hrsg.), *Die Identität der Deutschen,* Goldmann, München, 1983, S. 51–63.

The World Bank (Hrsg.), *World Development Report 2006. Equity and Development. Overview,* World Bank Publications, Washington D. C., 2005.

Uchatius, Wolfgang, »Die Hausfrau im Kopf«, in: *Die Zeit,* 6. 3. 2008.
Download: http://www.zeit.de/2008/11/Frauen-Verdienste?page=all

United Nations Development Programme (UNDP), *Human Development Report 2004. Cultural liberty in today's diverse world. Summary,* New York, 2004.

Wagner, Richard, *Der deutsche Horizont. Vom Schicksal eines guten Landes,* Aufbau, Berlin 2006.

Werner Weidenfeld (Hrsg.), *Die Identität der Deutschen,* Goldmann, München, 1983.

Weidenfeld, Werner, »Die Identität der Deutschen – Fragen, Positionen, Perspektiven«, in: ebd., S. 13–49.

World Vision Deutschland c.V. (Hrsg.), *Kinder in Deutschland 2007. 1. World Vision Kinderstudie. Koordination: Klaus Hurrelmann, Sabine Andresen,* Fischer, Frankfurt am Main, 2007.

Wüllenweber, Walter, »Bildung: Die Schicksalsfrage der Nation«, in: *Stern,* Heft 52/2007.
Download: http://www.stern.de/politik/deutschland/:Bildung-Die-Schicksalsfrage-Nation/605971.html

Zámečník, Stanislav, *Das war Dachau,* Stiftung Comité International de Dachau, Luxemburg 2002 (Fischer, Frankfurt am Main, 2007).

Alle Quellen aus dem Internet habe ich zuletzt am 4. Mai 2008 aufgerufen, den Bericht Bildung in Deutschland 2008 am 12. 6. 2008.

Die Interviews habe ich im Zeitraum Januar bis Juni 2008 exklusiv für dieses Buch geführt.